特定非営利活動法人
日本デジタルアーキビスト
資格認定機構
｜編｜

井上　透
大井　将生
細川　季穂
｜責任編集｜

デジタルアーカイブの
理論と実践

デジタルアーキビスト入門

樹村房

はじめに

　個人がスマートフォンやタブレットを所有し，常時高速ネットワークに接続して情報を入手，活用，発信する高度情報化社会が到来し，現在，新型コロナウイルス感染症の流行を契機に，社会のデジタルトランスフォーメーション（DX）が急速に進んでいます。

　こうした社会状況下において，本書は，知識循環型社会に必要な人材としてのデジタルアーキビストにデジタルアーカイブの基本的な理論と実践を明らかにすることを目的としました。デジタルアーカイブの開発と運用を行うにあたっての基本的な知識・技能に関する事例を取り上げて，これから学習する人にとっての入門書にもなっています。

　この社会の「知の基盤」となるデジタルアーカイブは，政府，地方自治体，博物館，図書館，文書館等の公的な機関に保存・継承された資料だけでなく，企業の文書，技術，設計図等の資料，地域や家庭の資料を含みます。そして，有形・無形の文化・産業資源等をデジタル化により保存し，利用者の検索に応じて動画，静止画，テキスト等の多様なメディアでの情報を継続的に提供して，意思決定や創造的活動，防災に活用されることによって，人々の生活を豊かにし，安全・安心をもたらすための営為，システムといえます。

　21世紀，日本の目指す知識循環型社会には，デジタルアーカイブをベースとして膨大かつ多様な情報を取捨選択のうえ活用し，創造的な知的生産活動や過去の資料に基づいたリスクコントロールを可能にする環境の創出が求められています。

　本書は，特定非営利活動法人日本デジタルアーキビスト資格認定機構が認定する準デジタルアーキビスト資格養成講座のテキストとして編集されていますが，上級の資格であるデジタルアーキビスト資格取得を目指すことができるように，発展的な内容が含まれています。デジタルアーカイブを理解するとともに，デジタルアーカイブを支える人材であるデジタルアーキビストがもつ知識・技能を習得する基本的な資料として，本書を活用いただければ幸いです。

　なお，本書は多くのデジタルアーカイブ関係者の協力を得て，特定非営利活動法人日本デジタルアーキビスト資格認定機構が監修・作成しました。

2023年3月
　　　　　　　　特定非営利活動法人日本デジタルアーキビスト資格認定機構

デジタルアーカイブの理論と実践
デジタルアーキビスト入門

＊はより専門的な内容（上級デジタルアーキビストやデジタルアーキビストを目指す方向け）

5章　デジタル化

6章　公開・利活用

1章　デジタルアーカイブとは

1-1　デジタルアーカイブの意味

　デジタルアーカイブという言葉の意味について考えてみましょう。まず「デジタル」は，アナログの対義語です。情報を数値に変換し，段階的な量として表現することです。そして，情報をデジタル化することは収集，蓄積，加工，伝送などの処理を可能にします。アナログでは個人や組織の情報処理能力に限界がありますが，情報のデジタル化によって，大量に集積された情報を取捨選択することで情報処理能力を拡張し，意思決定の質を向上させることができます。

　また，「アーカイブ」は，古代ギリシアで市民を代表し市民を管理するために法を作成していた上級政務執行官（アルコン）の住居「アルケイオン」（arkheîon）が語源です。そこに行政上の記録文書を収集・保管し活用することによって，前例による政治が行われました。そこから記録を保存し活用する建物として，19世紀以来，主として図書として形態化されていない文書，とくに議事録や報告書，記録書類など，公式文書を保存し活用する場所であり，機能をもった文書館のことを意味するようになりました。しかし，アーカイブは行政上の業務記録を保存活用する「機関アーカイブ」と言われる機能だけではありません。図書館は図書，博物館は資料など業務の中心となる大量の資料を収集し活用する「収集・コレクションアーカイブ」としての機能という両面をもっています。そのため，現在では図書館や博物館，大学，自治体，企業が収集した資料を活用する機能をもつものも広くアーカイブと呼ばれるようになりました。

　デジタルアーカイブについて，内閣府知財戦略本部がまとめたガイドラインでは，以下のように広い概念で理解されています。

> 　様々なデジタル情報資源を収集・保存・提供する仕組みの総体をいう。デジタルアーカイブで扱うデジタル情報資源は，「デジタルコンテンツ」だけでなく，アナログ媒体の資料・作品も含む「コンテンツ」の内容や所在に関する情報を記述した「メタデータ」や，コンテンツの縮小版や部分表示である「サムネイル／プレビュー」も対象とする。

デジタルアーカイブの構築・共有・活用ガイドライン（2017年4月）

　例えば，デジタル図書館は，収集した本にタイトル・著者名・出版社名・出版年等の管理情報を付加するだけでなく，著作権等の権利処理を行った本の誌面をスキャナー等で読み取ってデジタル化します。さらに，全文を検索可能なテキストデータとして提供し，本や著者あるいは出版社等に関連する情報も合わせて収集・保存・提供

図表1-1　デジタル化された図書館のイメージ図

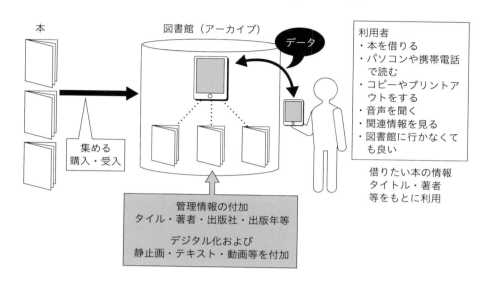

します。その結果，利用者は，本そのものを借りるのではなく，インターネットを通じてデータをダウンロードし，パソコンやタブレット端末，スマートフォン等の情報端末を用いて，本を読むことができるようになりました。

　具体的に整理すると，デジタルアーカイブは，公的な博物館，図書館，文書館の収蔵資料だけでなく国，自治体，教育機関，企業の文書・設計図・映像資料などを含め有形・無形の文化・科学・教育・産業資源等をデジタル化により保存し，利用者の検索によって活用の場面に応じたデータやメディアを継続的に提供し，意思決定や創造的活動，リスクコントロールに活用することを通して，人々の生活の質や安全性を向上させる営為であり，それを可能にするシステムといえます。

1-2　デジタルアーカイブの歩み

　デジタルアーカイブがどのように生まれ発展してきたのかについて，日本での状況を中心にみてみましょう。

　デジタルアーカイブという造語が使われるようになったのは，1994年頃です。当時東京大学教授であった月尾嘉男氏が「かつての図書館などの電子版」という意味で使ったのがはじまりであるといわれています。この経緯について，「デジタルアーカイブの構築・連携のためのガイドライン」（総務省2012年3月）では，下記の記述があります。

　　デジタルアーカイブという言葉は，1996（平成8）年に設立された「デジタルアーカイブ推進協議会（JDAA）」の準備会議の中で月尾嘉男氏（東京大学教授（当時），

デジタルアーカイブ
の構築・連携のため
のガイドライン
（2012年3月）

平成14〜15年　総務省総務審議官，現在，東京大学名誉教授）から提案され，広報誌「デジタルアーカイブ」で初めて公表されました。

　1996年，通商産業省（現 経済産業省）はマルチメディアコンテンツ制作に初の資金援助を行い，文部省（現 文部科学省）にマルチメディア著作権室が設置され，郵政省（現 総務省）は国際インターネット電話を解禁しました。2000年，政府はe-Japan構想を公表しました。その後，2001年に「文化芸術振興基本法」が施行され，2003年には「知的財産基本法」の施行，「個人情報保護法」の成立，2004年には改正「著作権法」の施行等が行われ，文化遺産オンライン試験公開版が公開されるなど，デジタルアーカイブ開発が進みました。

　一方，欧米では2010年以降になると，EUのヨーロピアーナ，米国のDigital Public Library of America: DPLA（米国デジタル公共図書館）等の分野横断型ポータルサイトから膨大なコンテンツやデータが，グーグルマップやゲティ財団の多言語化された人名典拠データなどを活用することで，検索上のユーザビリティを向上させて提供されるようになりました。さらに，著作権のライセンス表示であるクリエイティブ・コモンズ・ライセンスやライト・ステートメントを付記してデータが公開され，二次利用が可能になってきました。

　2017年，内閣府知的財産戦略本部に事務局を置くデジタルアーカイブの連携に関する関係省庁等連絡会・実務者協議会より「デジタルアーカイブの構築・共有・活用ガイドライン」が公表され，これを受けて多くの分野別デジタルアーカイブからデータが提供されたジャパンサーチが，分野横断型のポータルサイトとして2020年に本格稼動を開始しました。その後，同じく内閣府知的財産戦略本部に事務局を置くデジタルアーカイブジャパン推進委員会・実務者検討委員会から「我が国が目指すデジタルアーカイブ社会の実現に向けて」が2020年に公開され，2022年に文化遺産オンラインはレスポンシブデザインによるスマートフォンへの対応を行い，さらに時代・地域のスケールによる検索を可能とし，所在地情報をグーグルマップから国土地理院地図に変更することにより利便性を向上させました。国外のデジタルアーカイブとの連携では，2020年に世界各地のポータルサイトや博物館・美術館からオープンデータとして公開されている日本の文化資源を一元的に提供するカルチュラル・ジャパンが稼動を開始するなど，各分野のデジタルアーカイブ関係機関や団体による技術開発や運用の改善によりデジタルアーカイブの普及が進んでいます。

　また，法制度についても，2018年に「著作権法」の一部が改正され，デジタル化・ネットワーク化の進展に対応した柔軟な権利制限規定や教育の情報化に対応した権利制限規定（授業目的公衆送信補償金制度）の整備が行われ，2021年の一部改正により国会図書館のデジタル化された資料のうち絶版等の理由で一般に入手困難な資料（雑誌と漫画を除く）について，2022年5月から個人への送信が可能になるなど，デジタルアーカイブ活用に向けた利用環境の改善が進んでいます。

我が国が目指すデジタルアーカイブ社会の実現に向けて（2020年8月）

さらに，博物館について，2022年に「博物館法」が一部改正され，博物館の事業に「博物館資料のデジタル・アーカイブ化」が追加されることになり，今後，デジタルアーカイブの活用拡大が推測されます。

このように，国内においてデジタルアーカイブの活用を通じた多様な主体との連携・協力による文化，教育，観光などの地域振興が進むことが期待されています。

しかし，欧米と比較すると圧倒的にコンテンツが不足しており，二次情報・メタデータの整備と公開，各機関の連携を担う人材の不足，オープンデータ化促進，法制度，人的・物的・財政的リソース，ナショナルセンター等組織基盤の未整備など，多くの課題があります。

一方，東京大学大学院情報学環にDNP寄付講座が開設されたことを契機に，デジタルアーカイブ研究機関連絡会が2016年に発足し，各機関の課題が共有されて解決に向かって連携が強化されています。また，業界団体のデジタルアーカイブ振興のための応援団として，デジタルアーカイブ推進コンソーシアムが2017年に設立され，振興のため法制度の充実を提言するなど，活発な活動を行っています。さらに，2017年にデジタルアーカイブ学会が設立されました。

デジタルアーカイブ推進コンソーシアム

デジタルアーカイブ学会

デジタルアーカイブ振興のための関連イベントとして，文化資源戦略会議がアーカイブサミットを2015年から毎年開催しています。内閣府知的財産推進本部はデジタルアーカイブ産学官フォーラムを2017年以降開催し，多くの関係者が集まり情報交換が行われました。2018年5月に国会内で開催された超党派のデジタル文化資産推進議員連盟総会において提示された「デジタルアーカイブ整備推進法（仮称）要綱案」が，議員立法により国会に上程されることが検討されており，今後動向が注目されます。

1-3　デジタルアーキビスト

デジタルアーカイブを発展させるうえで欠かすことのできない要素に，人材育成があります。デジタルアーカイブを開発し，管理運営し，継続的に人々の利用に供するためには，それらの責務を担う人材，すなわちデジタルアーキビストの教育が必要です。

デジタルアーキビストとは，国内外の動向を把握し，組織の目的を明らかにし，組織のデジタル化の方策・技術を標準化し，他の機関と連携し，人材，資源，資金をマネジメントすることで継続的にデジタルアーカイブを提供し，社会に貢献する人材のことです。

特定非営利活動法人日本デジタルアーキビスト資格認定機構

1990年代後半にデジタルアーカイブ開発への関心が高まり，2004年から岐阜女子大学は文部科学省の現代的教育ニーズ取組支援プログラムに選定され，デジタルアーキビストの理論と教育カリキュラム開発を常磐大学等と連携して行いました。その成

果を受け，2006年特定非営利活動法人日本デジタルアーキビスト資格認定機構が誕生し，人材養成と資格認定が始まりました。

認定機構ではデジタルアーキビスト養成の柱として，対象・文化の理解，情報の記録・デジタル化と利用，法と倫理の3つをあげています。

（1）対象・文化の理解

デジタルアーカイブを開発するためには，基本として，対象となる資料の理解や，文化的価値を判断する能力が求められます。このためデジタルアーキビストは，各自が専門とする対象や文化的背景について学習することが必要です。

（2）情報の記録・デジタル化

デジタルアーキビストは，資料を収集，記録し，管理情報を付加してデジタル保存・管理し，公開，利用するという各ステージの技能を学習することが求められます。デジタル化のためには，デジタルカメラやスキャナーによる静止画での記録に加え，高性能・高精細カメラを用いた動画の撮影，撮影して得られたデータの管理，検索を容易にするための二次情報・メタデータの付与，データベースを利用しウェブサイトより公開するための基礎的技術を学習することが必要です。

（3）法と倫理

各種資料を記録し広く利用するためには，対象となる資料が著作物であれば，著作者や所有者の権利を理解し，記録・利用のための権利処理を行うことが必須になります。また，各種資料に付随する肖像権，個人情報・プライバシーの保護についても十分な配慮が必要であり，勝手に収録・利用しないなど法律を遵守することはもちろんですが，過去の判例や個人情報やプライバシーへの配慮が求められます。さらに，権利処理はデジタル化する前に行うことが原則であり，その際，著作権者や肖像権者が不明な資料への対応，クリエイティブ・コモンズ・ライセンスの付与など広く，公共財・オープンデータとしての利活用を前提にした権利処理が必要です。一方，事実に即して正確に記録するためには事前調査を行い，事実を裏づける関係資料を併せて記録保存することによって信憑性を確保すべきです。また，当然のことですが，魅力的な映像を作るための演出は行うべきではありません。公開についても，画像やメタデータに起因する人権の侵害，盗難・盗掘に配慮するなど，倫理や危険回避に向けた意識の涵養も人材育成に求められます。

1-4　デジタルアーカイブの特色

わが国の文字情報のデジタル化は，漢字がコンピュータで利用され始めた1980年頃から本格的に始まり，文書がデータベース（大量のデータを統一的に管理したファイル）を用いて保管されるようになりました。例えば，文書のデジタルデータに，何の文書か，いつ書かれたか，誰が書いたかや，簡単なキーワード等の二次情報を付け

たデータ管理が始まったのです。その後，映像・図形・文字・音声等を総合的に保管するマルチ（クロス）メディア型の記録が進みました。

　デジタルアーカイブの特色は，過去から現在までの大量のデータをデジタル化し，蓄積して活用することです。その際，それまで紙や写真など別々に保存されていた情報をデジタル記録することにより，多様な形態のデータを統合的に保存管理することを可能にし，二次情報・メタデータを付けることによって情報を探すことを簡単にしました。さらに，利用者の求めに応じて多様なメディアを駆使し各データに関係性をもたせて提供し，活用の利便性を図るところに特色があります。

　記録方法には，これまでの静止画，動画や音声を主とした撮影の記録に加え GPS を用いた地理情報，立体スキャナーや大量の静止画やドローンを利用した動画によるフォトグラメトリ（デジタル写真測量）を用いた立体構造のデータ化等の新しい記録方法とともに，提供する画像データに国際的な標準規格 International Image Interoperability Framework: IIIF（トリプルアイエフ）を採用し，活用の可能性を拡大するなど，多くの技術が開発されています。

　また，インターネットを中心にした通信メディアを用いて，世界中の自由に利用できるデジタルアーカイブから，必要な情報を収集・記録，活用することが可能となり，知識循環型社会においてデジタルアーカイブは，その基盤を担う存在ともいえるでしょう。

1-5　デジタルアーカイブの対象

　1990 年代後半から始まった日本のデジタルアーカイブ化の対象は，文化財，文化活動等文化資源の実物が中心でした。しかし，急速なインターネット普及による情報化社会の進展により継承すべき情報源は多様化し，現状では大きく下記を対象としています。
　(1) 実物・体験（仏像，絵画，化石などの実物資料と祭礼，芸能，自然景観，事件など）
　(2) 証言・口承（戦争や災害の証言，オーラルヒストリー・エスノグラフィー）
　(3) 印刷物（図書，雑誌，マンガ，古文書，手書き資料，写真資料を含む 2D）
　(4) 通信（インターネット，テレビ，ラジオ，CATV）
　(5) デジタルデータ（ボーンデジタル）
　これらの対象を情報源として，動画，静止画，文章，音声，数値などのデジタルデータを作成し，デジタルアーカイブとして統合的に蓄積を行い，利用者の求めに応じたメディアで提供することにより，活用を高度化させることが望まれます。　（井上　透）

図表1-2　デジタルアーカイブの情報源

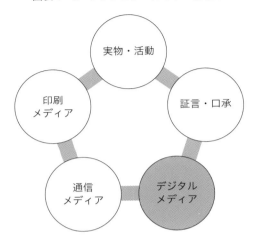

1-6　デジタルアーカイブに関する政策

　本節のタイトルは「デジタルアーカイブに関する政策」としました。しかし，結論を先取りして述べると，デジタルアーカイブに関しては，現状ではまとまった政策の打ち出しや，その前提となる確たる政策主体が形成されている訳ではありません。

　また，デジタルアーカイブ政策についての研究も近年までは盛んとは言えず，その議論の深まりも今後の展開に期待するべき状況です。しかし，柳与志夫『デジタルアーカイブの理論と政策　デジタル文化資源の活用に向けて』（勁草書房，2022）に続き，2022年になって，田良島哲「文化政策としてのデジタルアーカイブ」『デジタルアーカイブ・ベーシックス　知識インフラの再設計』（勉誠出版，2022）や加藤諭「アーカイブの概念史」『デジタル時代のアーカイブ系譜学』（みすず書房，2022）など，一定の見通しを得られる論考が公表されてきています。

　本節では，これらの最新の諸論考などを手がかりに，デジタルアーカイブに関する政策が現在までどのように形成されたのか，またその課題は何かを端的に紹介します。

　デジタルアーカイブを社会的・政治的な動きにしていこう，という流れの発端は，情報通信技術政策の流れにあったというよりも，1980年代以降の西アジアや東南アジアの政情不安を受けて，現地の文化遺産を守らなければという発想から生まれました。このことは「危機にある文化遺産の情報をデジタル化で守る」[*1]という言葉に端的に表れています。この点は前述の田良島論考でも強調されています。人類の文化遺産をどう残していくか，という点が議論の基調にあったという点は，日本が1992年に加盟したユネスコの世界遺産条約と連動した流れと位置づけられるでしょう。

　その後，デジタルアーカイブは産業政策の中に位置づけられる時期を迎えます。

デジタルアーカイブ年表（インフォコム株式会社）

*1 文化財の国際赤十字構想座談会注目のデジタル保存術. 読売新聞. 1996-03-11.

1990年代後半から，経済産業省の主導のもと，総務省と文部科学省（それぞれ当初は通商産業省・自治省・文部省）が連携しながらデジタルアーカイブ政策が形成されていきます。その議論の中心的存在であり，実働部隊の役割も果たしたのが，1996年から2005年まで活動したデジタルアーカイブ推進協議会（Japan Digital Archives Association: JDAA）でした。この協議会は，産官学からの参加を得て非常に広範に組織された団体で，デジタルアーカイブという用語の定着や，各地での展開に大きな役割を果たします。しかし，この段階では，田良島や加藤も指摘しているように，デジタル技術自体の進展の梃子としてデジタルアーカイブを捉え，その成果物を活用した経済効果により注目が集まっていました。〈デジタル〉ではあったものの〈アーカイブ〉の側面が置き忘れられていた，というべきでしょう。この姿勢はJDAAのウェブサイト自体が残されていないことに端的に表れているといえます。

ひなぎく（国立国会図書館東日本大震災アーカイブ）

　2011年3月に発災した東日本大震災は，これらの状況を大きく変えることになります。これは，国立国会図書館がひなぎく（国立国会図書館東日本大震災アーカイブ）という震災の記録等のポータルサイトを構築したことに象徴されます。災害の記録を含め，文化遺産の危機に対してデジタルアーカイブを活用して対峙していくという，デジタルアーカイブ政策の当初の発想が改めて重要になってきたのです。また，1990年代から構築されては消滅していった多くのデジタルアーカイブがあったことを踏まえ，継続的に利活用できる〈アーカイブ〉という機能が，技術面のみならず，組織的，メタデータ，コンテンツ，それぞれの視点から必須と考えられるようになってきました。[2]

[2] 杉本重雄. デジタルアーカイブへの期待と課題. アーカイブズ. 2011, 45.

アーカイブ立国宣言（文化資源戦略会議）

　2014年11月に，「アーカイブ立国宣言」編集委員会編『アーカイブ立国宣言　日本の文化資源を活かすために必要なこと』（ポット出版，2014年）という書籍が出版されました。これまで述べてきた1990年代半ばからのデジタルアーカイブ政策の流れをまとめ，今後の展望を打ち立てた書籍です。その冒頭に，文化資源専門家，研究者，行政担当者などの有志から成る官民横断的組織である文化資源戦略会議による「アーカイブ立国宣言」が掲げられています。この提言の要旨は以下のようになっています。

提言1：国立デジタルアーカイブ・センター（NDAC）の設立
　　　　国内における多数のアーカイブをつなぐデジタルハブの役割を果たす，日本のデジタルアーカイブ全体のセンターかつ窓口として，（仮称）国立デジタルアーカイブ・センターを設立する。
提言2：デジタルアーカイブを支える人材の育成
　　　　文化芸術分野の知見，作品の収集・保存・修復・公開の技能，そして必要な法律知識を適切に備えたアーキビストの育成を中心に，デジタルアーカイブを支える人的基盤を整備する。
提言3：文化資源デジタルアーカイブのオープンデータ化

公的な文化施設によって整備される文化資源デジタルアーカイブを，誰もが自由に利活用可能なオープンデータとして公開する。

提言4：抜本的な孤児作品対策
　　著作権・所有権・肖像権などの権利者不明作品（いわゆる「孤児作品」）につき，権利者の適切な保護とのバランスを図りつつ，その適法かつ迅速な利用を可能とする抜本的立法措置を実施する。

　この「アーカイブ立国宣言」を作成したグループを母体として，2017年5月にはデジタルアーカイブ学会が設立されました。そして，この4つの提言をめぐって，現在までのデジタルアーカイブに関する政策が展開していくことになります。

　以下では，上記の4つの提言それぞれに関連する動きを述べます。まず，「提言1：国立デジタルアーカイブ・センター（NDAC）の設立」をめぐる状況です。デジタルアーカイブ全体のセンターとしてのNDACが設立できるかは現在も非常に不透明な状況です。ただし，この間に内閣府を事務局とする知的財産戦略本部のもとに，2010年代半ばからデジタルアーカイブジャパン推進委員会及び実務者検討委員会（当初はデジタルアーカイブの連携に関する関係省庁等連絡会・実務者協議会）が設置され，2020年8月には「我が国が目指すデジタルアーカイブ社会の実現に向けて」という報告書が公表されるとともに，「我が国の幅広い分野のデジタルアーカイブと連携し，多様なコンテンツをまとめて検索・閲覧・活用できるプラットフォーム」として，ジャパンサーチが公開されました。提言1についてはシステム面においては一定の前進があったといえるでしょう。

　「提言2：デジタルアーカイブを支える人材の育成」はまだまだ多くの課題を含みます。これまでの動向を踏まえ，デジタルアーカイブ学会でも人材養成・活用検討委員会が活動して議論をまとめようとしている段階です。ただし，これを社会制度としてどのように実装していくかについては一層の議論や働きかけが必要になります。また国立公文書館長が認証するということで2020年から開始されたアーキビストの新しい専門職制度，認証アーキビストについてもデジタルの側面が極端に弱いことが指摘できます[*3]。

　「提言3：文化資源デジタルアーカイブのオープンデータ化」と「提言4：抜本的な孤児作品対策」は，この間に特に展開がありました。オープンデータ化については，この提言の前後から図書館のメタデータなどから動きが始まりました。さらに政府標準規約2.0という各政府機関のウェブサイトの利用規約の基準を定めた規約が2015年12月に定められ，「.go.jp」ドメイン下にあるコンテンツについては，原則としてオープンデータ化されることになりました。また，このオープン化や孤児作品対策を含む著作権制度全体についても文化審議会著作権部会において精力的に議論が続けられ，大きな方向としては，デジタルアーカイブにより多くの情報がより利活用しやすい形で蓄積されるよう，毎年のように「著作権法」が改正されています。

デジタルアーカイブ学会

我が国が目指すデジタルアーカイブ社会の実現に向けて（2020年8月）

*3 福島幸宏. アーカイブズを巡る現状と課題. 歴史学研究. 2022, 1026.

結局，政策を展開するということは，法律やその関連のドキュメントを更新していくことに他なりません。「博物館法」において 2022 年改正で「デジタル・アーカイブ」という文言が入ったことによって，全国の博物館が改めてデジタルアーカイブに注目しています。同じ状況を各所で起こしていくことが，今後重要になっていくでしょう。

（福島 幸宏）

1-7　デジタルアーキビストの職分

　デジタルアーキビストの職分とは何でしょうか？　職分とは，ある職に就いている者がすべき仕事のことですが，この場合，「仕事」は「業務」や「労働」とは異なります。「業務」は所属する組織で割り当てられる役割，「労働」とはそのために本人が遂行するさまざまな作業であるとするならば，「仕事」はもう少し本質的に，その職がすべきで，そもそもその職が社会的に成立している根拠である活動のことです。

　デジタルアーキビストの場合，筆者は少なくとも次の 4 つの職分が存在すると考えています。第 1 に，デジタルアーキビストとは記憶家であり，社会的記憶の基盤を支える職です。この場合，発明家が，今までにない新しい技術や知見を新たに生み出す職分だとするならば，これまでその組織や地域，社会に蓄積されてきた記憶を保持し，生かしていくのが記憶家の役割です。

　歴史的に言うならば，記憶家は，伝統社会にさまざまな形態をとって現れてきた「語り部」や古代国家の「書記官」，そして近代社会の中で整備されてきた「文書管理者」（狭義のアーキビスト）などにその原型を見ることができます。21 世紀の社会は何よりもデジタル社会であり，莫大な意識的，無意識的な情報がデジタル空間の中に蓄積され続ける社会です。それらの莫大な情報の蓄積は，その一部が私たちの社会の記憶を構成するものとなっていきます。つまり，このデジタル情報の爆発は，現在の，そしてまたこれからの社会の記憶のあり方を決定的に変えてしまいます。

　デジタルアーキビストは，これまでの「文書管理者」としてのアーキビストの職能を引き継ぎながらも，21 世紀以降のデジタル社会がもたらす継続的な情報爆発の中でなお私たちの社会が過去を着実に記憶し続け，それを未来につないでいくことを可能にする役割を担います。これが，デジタルアーキビストの第 1 の職分です。

　第 2 に，デジタルアーキビストは，知的，文化的資源に対してデジタルの技能を備えた「目利き」でなければなりません。デジタル社会における情報の氾濫は，しばしばすべてを「データ」として，つまりプログラミング技術で大量処理可能なものとして扱いがちです。しかし，もしも本当にあらゆる知的資源がデータとして機械的に処理可能なら，デジタルアーキビストは AI に代替可能になってしまうのです。

　筆者はそうではないと思います。資料がデジタル化されていようがいまいが，それぞれの資料が適切に保存され，活用可能なものとなっていくためには，それぞれの資

料領域の成り立ちについて十分な知識を備え，各資料の軽重がわかる「目利き」が必要です。デジタルアーキビストとは，単なるデジタル技術の専門家ではありません。デジタル技術分野について一定の技能を備えながらも，それぞれの資料的世界に対する専門的知見や愛着，活用への見通しをもっていなければならないのです。

　第3に，デジタルアーキビストが備えるべきもう一つの職分は，法的な実践感覚に関わります。もちろん，デジタルアーキビストは法律の専門家ではありません。しかし，この領域ほど知的財産権をめぐる諸制約に日々対応していかなければならない分野はありません。そのため，デジタルアーキビストには，単に知的財産権に関する法律の諸条文を知っているだけではなく，法律家がそれぞれの状況に応じ，その条文をどのように運用していくかについての実践的な想像力が必要です。条文を知っているだけでなく，条文がどう使われるかについての実践感覚が必要なのです。

　そのためには，法とは何か，法的問題処理はいかに進められるのかについての，単なる条文の知識にとどまらない学びが必要となるでしょう。それには何よりも，知的財産権をめぐってこれまで問題となってきたさまざまな係争事例について学ぶことが必要でしょうし，それらの係争への判決がどんな意味をもっていたのかを理解する必要があります。法律の専門家にはならなくても，法的実践感覚は必要なのです。

　最後に，デジタルアーキビストの第4の職分は，デジタル社会における知の市民的リーダーとしての活動です。近代を通じた公文書館や図書館，それに博物館や美術館の歴史を振り返れば，そのいずれもが記録や資料，作品の市民への公開化，そして市民によるそれらを活用した学びや表現の拡張に開かれてきたことを確認できます。そのような公的アーカイブ機関の数百年に及ぶ市民への開放の歴史と，ここ四半世紀で劇的に拡大したデジタル社会における大量の情報フローは，これまでのところ，とりわけ日本ではあまり上手に結ばれてはいません。デジタルアーキビストがすべき第4の，そして最大の仕事は，両者を相乗的につないでいくことです。

　筆者自身，これまで長い時間をかけて，例えばNHKアーカイブスの学術トライアル研究の立ち上げや日本脚本アーカイブスが収集した膨大な脚本の国立国会図書館への寄贈とそのデジタル公開，記録映画フィルムの国立映画アーカイブへの収蔵とその利活用，東京大学における学術資料の公開化や大学文書館の設置といった動きをお手伝いしてきました。これらはいずれも，NHKや国立国会図書館，国立映画アーカイブ，東京大学といった公的機関と，より広い市民的活動のフィールドを，デジタル社会の諸条件の中で結んでいこうとするものだったと思います。

　つまり，デジタルアーキビストの職分とは，決してそれぞれが所属する組織の貴重資料をデジタル化し，長期的に保存・管理することだけではないのです。デジタルアーキビストが専門職であるためには，すでに述べた4つの職分，すなわちこれまでの文書管理（アーカイブス）学の蓄積を継承しながら記憶家としての活動を社会に開かれた仕方で果たし，それぞれの資料分野を知悉してその「目利き」となり，知的財産権

についての法的実践感覚を磨き，さらに近代以降の大きな知の歴史の中でデジタル社会の市民的リーダーとなっていく心構えが必要です。今後，皆さんの前には，このそれぞれで多くの「壁」が立ち現れてくるはずです。本書を手にする皆さんが，それぞれの個別領域の学びを深め，それらの「壁」を一つひとつ突破して，デジタルアーキビストの職分をわがものとしていっていただきたいと願っています。　　（吉見　俊哉）

2章 多様なデジタルアーカイブ

2-1 ジャパンサーチ

　2000年代後半から欧米で推進された統合的デジタルアーカイブ構築の流れを受け，日本では2014年に内閣に設置された知的財産戦略本部でアーカイブに関するタスクフォースが，文化庁で文化関係資料のアーカイブに関する有識者会議が設置され，全国の博物館・美術館・大学・研究機関・民間施設等と連携を進め，組織や分野を超えた文化ナショナルアーカイブ（仮称）を整備することが目指されました。2017年には「我が国におけるデジタルアーカイブ推進の方向性」が取りまとめられ，同年にはデジタルアーカイブ推進に関する諸課題に対応するために実務者検討委員会を設置することが決定されました。こうした国を挙げた取り組みと関係各所の尽力により，2019年2月にジャパンサーチ試験版が，2020年8月にはジャパンサーチ正式版が公開されました。ここに書籍・文化財・メディア芸術など，さまざまな分野のデジタルアーカイブと連携して国が保有する多様なコンテンツのメタデータをまとめて検索できる国の分野横断統合ポータルが誕生したのです。国内に存在するあらゆる種類の文化資源を対象とするジャパンサーチは，「日本のデジタルアーカイブの系譜における一つの到達点である」と位置づけられています[4]。

　その後もジャパンサーチの連携の輪は広がっており，2019年2月の試験版公開時には連携データベース数36，約1,700万件のメタデータ数であったところ，正式版公開直後の2020年9月時点には連携データベース数109，約2,125万件のメタデータ数となり，2022年10月時点では連携データベース数192，約2,580万件のメタデータ数にまで拡張されています。このように，多くの機関・データベースが連携し，膨大なデータの検索が可能なジャパンサーチですが，「すべての資料が集まるデジタルアーカイブ」の実現には至っていません。メタデータや権利関係の整備などが進まず連携ができていない小・中規模機関も多いことや，デジタル化が進まず地域や各機関に眠っている文化資源にアクセスできないことには留意が必要です。オープンな二次利用条件表示をめぐる課題も，今後各機関と活用者との対話を通して解決が望まれます。

　他方で，ジャパンサーチには検索だけでなく利活用促進のための工夫もなされています。例えば，非専門家である利用者の興味関心を惹く入り口機能として構築されている「ギャラリー」は，多様なテーマでユニークな資料がキュレーションされています。また，「マイギャラリー」や「ワークスペース」といった機能を活用すれば，ジャパンサーチ上の資料をメタデータが紐づいた状態で容易に収集可能で，協働的な資料収

我が国におけるデジタルアーカイブ推進の方向性（2017年4月）

ジャパンサーチ

[4] 大向一輝. ジャパンサーチの経緯と文脈. デジタルアーカイブ学会誌, 2020, Vol.4, No.4, p.329-332.

集や編集もできます。これらは探究学習などで活用されており，その学習効果が認められています。さまざまな「問い」に接続する多様な資料を横断的に検索可能なジャパンサーチは，学校教育をはじめ，社会教育・研究・芸術・観光・地方創生・ビジネス・福祉・AI 創作等の分野において，今後欠かせない情報基盤となるでしょう。

（大井　将生）

コラム 1　伝統文化や職人の技術の記録と継承

　「伝統文化」や「職人の技術」の記録や継承には，①現地調査，②文献調査，③既存の映像や音声の活用などが重要です。①は伝統文化や伝統技術を担う人々から直接話を聞いて内容を理解し，映像や画像，文章で記録を残すこと，②は古の文献や研究論文を読み理解を深めること，そして③はおもに昭和時代以降に記録された映像や音声と①や②の調査結果を照らし合せ，足りない情報や新しい情報があれば補うこと，大きくこの 3 つの作業が必要であると考えています。

　民俗学の観点から，現存する江戸時代以降の機道具の実測調査と復元製作，そして苧麻や大麻など麻織物の復元製作活動に参加して 20 年が経過しました。活動を始めた 2000 年頃は，70 〜 80 代と高齢ではありながら現役でものづくりを続けている職人の方々から直接，話を聞く機会がまだありました。しかしその数年後には当事者から話を聞くことが難しくなり，その家族や近隣に住む人から当時の様子を聞くにとどまることが多くなってきました。20 年前は「今ならまだ間に合う」と聞き取りの活動を急ぎましたが，その後 10 年，20 年と経ち，自分にできることが変わってきました。最近は前述の③，「既存の映像や音声の活用」が有意義であると感じ，その動画や写真，音声の記録者や，収集された地域の人々に映像などを見てもらい，出演者の名前や作業の内容など可能な限り聞き取りを行い，そのデータに関連づけて保存しています[5]。

*5 デジタル記録とオンラインを活用した伝統技術の継承と復元製作（2021 年）

　また，長く活動を続けていると自分が必要としている情報がさまざまなかたちで集まってくるようになりました。一般には発表されていない，個人で記録した麻の栽培記録，地域の雑誌に紹介された機織りの風習に関する記事，中国や韓国，フィリピンなど海外で撮影された靭皮繊維の糸作りや機織りの技術の記録などです。これらは公ではない個人所有の資料ですが，復元製作を考える際の貴重な比較資料となります。また，以前は全国の織物の産地へ出向いて現地調査を実施してきましたが，近年ではウェブサイトや SNS，動画共有サービスなどから情報を得ることも可能となってきました。

　筆者のように個人で活動するアーキビストが，これらの貴重な資料の内容を精査して裏づけ作業を行い，いかに後世へ残していくのか，著作権処理はどのように行うのが適切なのか，研究を進めながら常に考えていることです。数年前までは織物に関する研究会や専門誌で多くの研究者が発表したり議論を深めたりしていましたが，筆者が所属していた研究会も解散となり，定期的に購読していた専門誌も規模が縮小されてきました。時代の流れと言えばそれまでですが，これからは分野を問わず，さまざまな伝統文化や技術に関する記録を，デジタルアーカイブ学会のような組織や地域の博物館などの公的機関でメタデータと共に残し，

後人が検索して利用できるように紐づけをする必要があるのではないでしょうか。貴重な資料やデータが埋もれてしまわないよう，そして長く活用されるような仕組みづくりが必要であると痛切に感じています。

（金城　弥生）

2−2　海外のデジタルアーカイブ

　本節では，国外の代表的なデジタルアーカイブを紹介します。

欧州の事例：ヨーロピアーナ

　ヨーロピアーナは，EU の文化遺産政策を基盤として欧州のさまざまな機関の資料を一括検索可能な仕組みを目指して構築され，2008 年に公開されました。ジャパンサーチも構想段階で日本版ヨーロピアーナと呼ばれていたように（文化庁「文化関係資料のアーカイブに関する有識者会議 中間とりまとめ」2014），日本も大きな影響を受けています。ヨーロピアーナの特徴は，国を超えて 4,000 以上の機関が提供する膨大な資料をアグリゲーターを媒介として統合的に検索可能にした点にあります。また，教育活用を積極的に推進してきた点も注目に値します。例えば，"Classroom for Teachers" や "Teacher Training Guide" などの活用事例の公開や，学習シナリオを公募・表彰するなど，継続的な情報共有と普及活動を通して教育活用を支援しています。

米国の事例：DPLA

　米国では，2013 年に Digital Public Library of America: DPLA（米国デジタル公共図書館）が公開され，独自にデジタル化を進めてきた議会図書館や国立公文書館，Internet Archive などのメタデータ統一・コンテンツ連携・二次利用方針が整備されています。メタデータはヨーロピアーナの Europeana Data Model: EDM を採用し，二次利用に関してはヨーロピアーナと共同でライト・ステートメントを開発するなど，国際連携も進んでいます。DPLA で特筆すべきは，"Primary Source Sets" を公開し，資料の教育活用が展開されている点にあります。このプロジェクトからは，教育目的に特化した資料のキュレーションおよびＵＩや，機関を超えた連携の重要性が示唆されています[6]。

その他の事例：オセアニア・東アジア・Google

　オセアニアでは，オーストラリア国立図書館を中心とする Trove や，ニュージーランド国立図書館を中心とする Digital NZ が統合型アーカイブとして公開されています。直接データをもたず提供機関のメタデータ等を参照している点や，テーマごとのコンテンツを公開している点でヨーロピアーナや DPLA と類似しています[7]。活

ヨーロピアーナ

DPLA

[6]Franky Abbott, Dan Cohen. Using Large Digital Collections in Education: Meeting the Needs of Teachers and Students. Digital Public Library of America, 2015, p.1-28.

Trove

Digital NZ

[7] 松永しのぶ．世界のデジタルアーカイブ実践例．アーカイブ立国宣言．ポット出版，2014.

用に配慮された UI 上の仕組みが十分に構築されていない点には課題が認められますが，教育活用も徐々に進んでおり，今後は構築と活用を架橋した進展が期待されます。

　東アジアでも，中国の NATIONAL DIGITAL LIBRARY OF CHINA や台湾の Digital Taiwan などが複数の文化機関の資料を検索できるポータルとして構築されています。韓国の国家遺産ポータルでは，一部で学校の教科書に対応させた UI も見られます。

　Google Arts & Culture や Google books 等をデジタルアーカイブとみなすか否かは意見が分かれるところですが，このような営利目的の民間巨大資本が構築する文化の集積との向き合い方は，アーカイブのあり方をめぐって世界共通の課題となっています。

（大井 将生）

NATIONAL DIGITAL LIBRARY（中国）

Digital Taiwan

国家遺産ポータル（韓国）

大網白里市デジタル博物館

コラム2　デジタル博物館と地域振興

　デジタルアーカイブは地方自治体の地域振興の施策でも有効であり，多くの自治体が，それぞれの実情に合わせて個性豊かな「デジタル博物館」「デジタルミュージアム」を展開しています。

　筆者が所属する千葉県の大網白里市では，「館を持たない自治体が提案する本格的デジタル博物館」をコンセプトとして，2018 年 2 月から大網白里市デジタル博物館（以降，デジ博）を公開しています。大網白里市は常設としての展示施設をもたないことから，考古・歴史・民俗資料や美術品，指定文化財の写真やデータなどの地域資源，文化資源が埋もれていました。そこでネット上で公開することで，デジタルアーカイブとしてのデジ博を構築することとなりました。

　構築するにあたっては，博物館の機能である「収集」「保存」「調査・研究」「公開」のそれぞれをデジタルで表現することを目指しました。「収集」とは「情報の集約」，「保存」は「現状の記録保存」，「調査・研究」は「情報の整理と再分類・ストーリー化」，「展示」は「情報の発信・公開」と定義しました。特に「展示」＝「情報の発信・公開」においては，ネット上で公開が前提となっているので，利便性が高く，デジ博の大きな特長として認知されています。その特長は，「立体物の 3 Ｄ閲覧」「書や絵画の高精細閲覧」「文化マップの位置情報連携」「古文書と翻刻文の重ね表示」「テキスト情報の全文検索」「民俗芸能の動画・音声視聴」など，一般的な来場型の博物館では表現が難しい機能を盛り込んでいます。

　さらに，2020 年 2 月からは新型コロナウイルス感染症の影響で一時的に多くの機関が閉館することとなりましたが，デジ博は時間・空間的にも制約されず活動を継続することができました。その間，北海道博物館の呼びかけから始まった子ども向けコンテンツのつながりであるおうちミュージアムに参加するなど，他機関と連携を強めたり，公式 Twitter で独自の情報を発信したりすることでコロナ禍前よりも多くのアクセス数を記録しました。また，市内の学校，自治会や郷土史研究グループなどでの活用にも結び付いたり，市の観光部局や JR

おうちミュージアム

東日本の企画するイベントでも活用されたり，広がりを見せています。

このような活動を通じて，大網白里市教育委員会は，2021 年 3 月にはデジタルアーカイブ学会から学会賞の実践賞を受賞するなどの評価を得ました。地方自治体が自身の地域資源，文化資源をデジタルアーカイブ化することは，地域の活性化にも有益なことといえます。

（武田　剛朗）

デジ博公式 Twitter

2－3　国内のデジタルアーカイブ

社会がもつ知識，文化的，歴史的資源を効率的に共有し，現在のみならず将来の知的活動を支える基盤として，今日，多くのデジタルアーカイブが開発され，デジタルコンテンツが，教育，学術研究，観光，地域活性化，防災，ヘルスケアなどのさまざまな分野で利活用されることが期待されています。著作権保護期間を満了した資料の画像について，出版・放映・インターネット上での公開等の目的で複製使用する場合の申請を不要としているデジタルアーカイブも増えており，国立国会図書館による調べもの情報サイトのリサーチ・ナビでは，二次利用がしやすいデジタルアーカイブを紹介するページが公開されています。

二次利用しやすいデジタルアーカイブ

以下にインターネット上にある国内の代表的なデジタルアーカイブを紹介しますので，パソコンやタブレット，スマートフォン等の情報端末を使って実際にアクセスしてみてください。それぞれの特徴を理解し，利活用の方法について考察しましょう。トップページの URL/QR コードを記載していますので，該当するデジタルアーカイブを探してみてください。

ColBase 国立文化財機構所蔵品統合検索システム

ColBase 国立文化財機構所蔵品統合検索システムは，2017 年より公開されている，国立文化財機構の運営する 4 つの国立博物館（東京国立博物館，京都国立博物館，奈良国立博物館，九州国立博物館）と 1 つの研究所（奈良文化財研究所）の所蔵品を，横断的に検索できるサービスです。従来，各館の所蔵品はウェブサイトの一部として個別に公開されていましたが，ColBase の開発，公開により機構内各館の所蔵品を一括して検索・閲覧できるようになりました。公開されているコンテンツはクリエイティブ・コモンズの「CC BY4.0 国際版」に相当するライセンスとなっており，出典を明記すれば複製，公衆送信，翻案など，自由に利用できます。

ColBase 国立文化財機構所蔵品統合検索システム

カルチュラル・ジャパン

カルチュラル・ジャパンは，2020 年 8 月に公開された，世界に散らばる日本文化資産の窓口です。世界中の美術館，博物館，図書館などで公開されている日本文化に

カルチュラル・ジャパン

関連する情報を集約し，利用しやすい形で提供することを目的として開発されました。世界中で発信される日本文化に関するさまざまなデジタル素材を発見し活用できるサイトです。

国土地理院　地図・空中写真・地理調査

国土地理院
地図・空中写真・
地理調査

　国土交通省の付属機関である国土地理院では，土地の測量や地図の作成などを行っています。「地理院地図」では，国土地理院が整備した地図や主題図，年代別の空中写真など，さまざまな情報を重ね合わせて見ることができます。国土地理院が整備した地図や空中写真，公共測量で整備された地図を検索して閲覧することができる「地図・空中写真閲覧サービス」の提供も行っています。そのほか，「古地図コレクション」や「月の地形図」などのいろいろな地図をインターネット上で閲覧することができます。

国立科学博物館　鳥類音声データベース

国立科学博物館
鳥類音声データベース

　鳥類音声データベースは，鳥類のさえずりの地理的変異と個体変異を示すものです。日本に広く分布する複数の地域で得た多くの個体の音声資料を公開しています。各地域で収集された鳥のさえずりを聞き，比較することができるようになっているので，さえずりの地域による違い（方言）や個体差を知ることができます。

国立科学博物館　デジタル学習コンテンツ

国立科学博物館　
デジタル学習コンテンツ

　国立科学博物館のデジタル学習コンテンツは，国立科学博物館のウェブサイトの一部として公開されている学習コンテンツです。国立科学博物館の展示室や筑波実験植物園，自然観察会などをバーチャル・仮想的に体験できる学習コンテンツや図鑑などを紹介しています。

国立科学博物館　標本・資料データベース

国立科学博物館
標本・資料データベース

　国立科学博物館は多様なデジタルアーカイブを提供しています。標本・資料統合データベースは，所有する標本・資料の所在情報などを一元的に検索できる統合データベースです。動物，植物，地学・古生物，人類など自然科学に関する多数のデータベースやデジタルアーカイブが提供されています。全国の科学系博物館の情報や，自然史系の標本に関する情報を検索できるポータルサイトであるサイエンスミュージアムネットへのリンクもあります。

国立公文書館デジタルアーカイブ

国立公文書館デジタ
ルアーカイブ

　国立公文書館デジタルアーカイブは，インターネットを通じて，「いつでも，どこでも，だれでも，自由に，無料で」，館所蔵の特定歴史公文書等の目録情報の検索，公文書や重要文化財等のデジタル画像等の閲覧，印刷，ダウンロードが可能なインター

ネットサービスです。2005年に運用が開始され，2010年にさらにわかりやすく探し
やすいデジタルアーカイブとしてリニューアルされました。

国立国会図書館サーチ

国立国会図書館サーチ（NDLサーチ）は，国立国会図書館が提供している検索サー
ビスです。国立国会図書館が所蔵する資料のすべてを探すことができるほか，都道府
県立図書館，政令指定都市の市立図書館の蔵書，国立国会図書館や他の機関が収録し
ている各種のデジタル情報などを横断的に探すことができます。多様な情報資源を発
見することのできる次世代OPACです。

国立国会図書館デジタルコレクション

国立国会図書館デジタルコレクションは，国立国会図書館がデジタル化した所蔵資
料と収集したデジタル資料を検索・閲覧・資料できるシステムです。戦前期・戦後期
刊行図書，議会資料，法令資料，児童書や，江戸時代以前の和古書等の貴重書，憲政
資料，日本占領関係資料，明治期から昭和前期までに国内で刊行された地図など350
万点以上の資料が収録されています。収録資料は，インターネット公開，図書館・個
人送信資料，国立国会図書館内限定の3つの公開範囲で提供されています。

国立国会図書館　電子展示会

国立国会図書館の電子展示会は，国立国会図書館が所蔵する資料を中心に，わかり
やすい解説を加え，電子展示会として紹介しています。「NDLイメージバンク」「国
立国会図書館憲政資料室日記の世界」「あの人の直筆」「錦絵でたのしむ江戸の名所」
「江戸の数学」「博覧会：近代技術の展示場」「江戸自体の日蘭交流」「ブラジル移民の
100年」「国立国会図書館開館60周年記念貴重書展」「写真の中の明治・大正」「史料
にみる日本の近代」「描かれた動物・植物　江戸の博物誌」「近代日本人の肖像」など
の主題があり，デジタルコンテンツをまとまった資料として閲覧することができます。

新日本古典籍総合データベース

新日本古典籍総合データベースは，国文学研究資料館が2017年10月に正式公開し
た古典籍のポータルサイトです。国文学研究資料館が長年にわたり構築してきた日本
古典籍総合目録データベースの書誌情報を活用し，国内外の機関が所蔵する古典籍の
画像情報と併せ公開しています。書誌情報に，あらゆる分野の古典籍画像を紐づけ，
誰でも見やすく活用しやすい形を目指して構築されました。

文化遺産オンライン

文化遺産オンラインは，有形・無形を問わず，歴史的な価値を有する文化的遺産を，

全国の国・公・私立博物館，美術館等のうち，文化遺産オンラインに登録した館が所蔵する文化遺産に関する情報が提供されています。2008年3月に正式公開され，国立情報学研究所（NII）の技術的協力を得ながら文化庁が運営しています。

立命館大学アート・リサーチセンター　データベース

立命館大学アート・リサーチセンターデータベース

　立命館大学アート・リサーチセンター（ARC）は，芸術，芸能，技術，技能を中心とした有形・無形の文化財を研究・分析・記録・整理・保存・発信するために1998年に設立されました。センターでの研究・教育活動を通して蓄積されてきた，有形・無形の日本文化資源に関する膨大なデジタル資料をデータベース化して公開しています。

　文化資源閲覧データベースとして「浮世絵」「古典籍」「番付」など9のデータベースが提供されており，デジタル画像を閲覧することができます。

ARC 浮世絵顔データセット

ARC 浮世絵顔データセット

　ARC浮世絵顔データセットは，立命館大学アート・リサーチセンター（ARC）が公開する浮世絵から切り取った顔貌に関するデータを収集し提供するものです。機械学習を用いて浮世絵から顔領域を自動抽出し作成した，顔に関するデータセットです。バージョン1.0のデータセットでは9,203件の浮世絵画像から抽出した16,653件の浮世絵顔データが提供されています（2021年6月現在）。

演劇情報総合データベース：デジタル・アーカイブ・コレクション

演劇情報総合データベース：デジタル・アーカイブ・コレクション

　演劇情報総合データベースは，早稲田大学演劇博物館（通称エンパク）が所蔵する国内外の演劇・映画に関する資料を学術データベースとして公開しています。1997年に「錦絵検索システム」の公開から始まり，データベースを拡充していき，2022年現在，「浮世絵データベース」など伝統芸能に関するデータベース13，「演劇上演記録データベース」など演劇に関するデータベース9，「映画写真データベース」など映画・放送に関するデータベース7，その他複合分野のデータベース9，「中国芝居番付データベース」など海外のデータベース4，その他のデータベース5，計47のデータベースが公開され，個別の検索だけでなく横断検索も可能です。データベースの中には，画像，動画，3Dデータが表示できるものもあります。

青空文庫

青空文庫

　青空文庫は，1997年に公開された，インターネットを利用して無料で公開されている電子図書館です。著作権の切れた作品や，著作権者が公開を許可した作品をテキスト，XHTMLのファイルフォーマットで電子化しています。ボランティア協力者

によりデータ入力，校正が行われており，収録作品数は 17,202（著作権なし：16,817，著作権あり：385）です（2022 年 10 月現在）。キーワード検索のほか，作家別，作品別の五十音順索引，日本十進分類法の分野別に作品を検索することができます。

いらすとや

いらすとや

いらすとやは，イラストレーターであるみふねたかし氏が 2012 年 2 月より運営する，無料イラストを提供するウェブサイトです。配布されているイラスト素材は規約の範囲内であれば，個人，法人，商用，非商用問わず無料で利用できます。話題となったニュース等に関連する素材をすぐにイラスト素材とするなど，2021 年 1 月末まで毎日更新され，25,000 点以上のイラスト素材が提供されています。広告チラシ，リーフレット，パワーポイント，雑誌記事，YouTube 等，さまざまな媒体で幅広く利用されており，素材デジタルアーカイブとして最も人気があります。

マンガ図書館 Z

マンガ図書館 Z

マンガ図書館 Z は，2015 年に前身の絶版マンガ図書館からリニューアルし，株式会社 J コミックテラスによる運営でスタートしました。マンガ図書館 Z は，漫画家・権利者・出版社の方々の許諾，ご好意によって「往年の懐かしいマンガ」や「惜しくも単行本化されなかったマンガ」，「新しく生み出されたマンガ」などが，全巻，いつでも無料で読める，電子書籍サイトです。漫画が閲覧できるだけでなく，作品の投稿も可能です。絶版になった作品や単行本の刊行がストップした作品など，出版社が取り扱わない漫画作品を電子化し，広告付きで無料配信し，広告収入の 100％を作家に還元するというビジネスモデルを確立し，漫画家の新たな収入源を目指すとともに，海賊版撲滅を目指しています。

(木幡 智子)

コラム 3　図書館

浜松市立図書館の「浜松市文化遺産デジタルアーカイブ」は 2013 年度に公益財団法人図書館振興財団の助成をいただきスタートしました。立ち上げ当初，市役所庁内はもとより図書館内でも「デジタルアーカイブ？　それは何？　図書館でどうしてやるの？」という反応がほとんどで，実施への合意形成には苦労しました。そのため，最初に閲覧数を確認したときの「使われている！」という感激はひとしおでした。

浜松市文化遺産デジタルアーカイブ

利用しているシステムの ADEAC が Japan search 連携になり，ぐんぐん閲覧数が伸びて現在では，年間 500 万アクセスを超えるアーカイブに成長しました。カウンターや電話で利用

者の皆さんから"デジタルアーカイブ"という言葉がでると，利用していただいているのだなと実感でき嬉しい気持ちになります。

　当市のデジタルアーカイブにとって幸運だったのは 2016 年に NHK 大河ドラマの舞台となったことです。地元は大いに盛り上がって，これが推進力となり認知度向上に一役買い，博物館・美術館・図書館といった市所蔵資料だけではなく地域の寺社が所蔵する資料など，各方面のご協力をいただき幅広い資料を搭載することができました。図書館がつなぎ役となることで，多くの協力を得られたと思っています。

　現在，浜松市は市を挙げてデジタルトランスフォーメーション（DX）に取り組んでいます。デジタルの力で市民生活を向上させるということが目標です。

　デジタルアーカイブは，現地に行かないと見ることがかなわなかった，展示ケース内の近くで見ることのできない歴史資料を場所や時間にとらわれず，詳細に自分が納得するまで見られるので，まさにデジタルの恩恵を受けた事業です。

　ただ，デジタル化を進めるうえでいつも感じるのは，デジタルとリアル（現物）のバランスが重要だということです。デジタルアーカイブに限ったことではありませんが，デジタルにはデジタルの利点があるように，リアルには現物でしか感じられない良さがあります。デジタルでリアルを補完する，リアルをより理解するためといった，リアルに対する関係者の気持ちにも寄り添ったデジタルアーカイブを進めることも重要だと考えています。

　2022 年度は，第 3 期整備としてより幅広い層へデジタルアーカイブを届けることを目標に事業を進めています。

　一つは，再度の幸運が訪れ 2023 年の大河ドラマの舞台となったことです。徳川家康公に関する資料の充実を図り，文化財の枠を超え観光に関心のある方への訴求力を強めたいと考えています。もう一つは教育利用です。小学校の社会科研究会の先生方と交流を行い，教材活用について検討を進めていただいています。

　今後も，図書館ならではの日々接する利用者からのニーズをとらえる力や関連団体とのつながりを生かしたデジタルアーカイブ運営を目指していきます。

（吉田　佐織）

2-4　災害・コミュニティ・パーソナルアーカイブ

2-4-1　災害アーカイブ

　災害は忘れた頃にやってくると言います。特に大きな災害が起こる間隔は人間の寿命よりも長い。ですから，私たちは過去の災害の記録を長期間保存し，次の災害に備える必要があります。過去の災害の写真や経験者の話などがきちんと保管されており，時に応じてそれを活用すれば，私たちは，災害に備える機会を得ることができるのではないでしょうか。

　2011 年 3 月 11 日の東日本大震災をきっかけに，震災について記録し保存しようという動きが高まりました。震災の遺構は時間がたつにつれて，解体・撤去・修復され，

やがてはその痕跡は消え去ってしまいます。震災を体験し，身近な人を失った人々にとって，痕跡を目にすることはつらいことであり，できれば，自分の記憶からも消し去りたいと思っているかもしれません。しかし一方で，こうした記録が多くの歴史をものがたり，私たちに教訓を示してくれるものであることも事実です。

　災害の記録をアーカイブ化し，その教訓を活かし，将来の世代に伝えようという動きがあります。国立国会図書館東日本大震災アーカイブ（ひなぎく）はご存知の方が多いと思います。これ以外にも SaveMLAK（図書館関係者ボランティアによるプロジェクト），あるいは東日本大震災アーカイブをもとに広く自然災害についての情報を公開している NHK 災害アーカイブス，ハーバード大学エドウィン・O・ライシャワー日本研究所が公開している日本災害 DIGITAL アーカイブ，戦争を災害とすれば，広島原爆の実相を伝えるヒロシマ・アーカイブなどがあります。

　また，災害は地域と密接に関係しているため，それぞれの地域の人が，自ら情報の収集，記録，保管，活用を行うことが重要となってきます。そういった意味では熊本災害デジタルアーカイブや災害アーカイブぎふも参考になるでしょう。特に後者は資料収集の方法，権利処理，活用方法などガイドラインや作業マニュアルが示されており，他の地域への応用も期待できます。保存された膨大な記録をどのように活用するかを私たちは常に考える必要があります。

2-4-2　コミュニティ・アーカイブ

　コミュニティ・アーカイブの定義は定まっていないようですが，「地域やコミュニティの出来事や歴史を記録し，アーカイブ化すること」といえるでしょう。コミュニティ・アーカイブの条件は，①アーカイブの内容がコミュニティに関するものであること，②アーカイブの作り方がコミュニティを巻き込んだものであることです。

　①のアーカイブの内容がコミュニティに関するものであるとは，収集される資料のテーマがコミュニティに関するものであるという意味で，テーマはそれぞれ同じ地域に暮らす人々に関することであったり，同じ職業に従事する人々に関することであったり，趣味や関心を同じくする人々に関することであったりします。

　②のアーカイブの作り方がコミュニティを巻き込んだものであるとは，資料の収集過程にコミュニティを巻き込んでいるという意味で，テーマそのものはコミュニティに関することではないがアーカイブ化の過程で地域住民やボランティアなどなんらかのコミュニティが関わっているものを指します。

　コミュニティ・アーカイブの特徴としては，アーカイブの対象とアーカイブを作成する人の距離の近さ，収集・記録された情報とそれを利用する人の距離の近さがあります。また，収集・記録の目的が明確な組織アーカイブとは違って，何を・どのように・誰が記録するかについて，コミュニティの構成員が各自判断することになる場合があります。したがって，作られるアーカイブは個人の記憶や視点の色合いの強いも

国立国会図書館
東日本大震災アーカ
イブ（ひなぎく）

saveMLAK

NHK
災害アーカイブス

ハーバード大学エド
ウィン・O・ライシャ
ワー日本研究所
日本災害 DIGITAL
アーカイブ

ヒロシマ・アーカイ
ブ

災害アーカイブぎふ

のとなります。つまり，個人の記憶という，独自の視点やあいまいさ，複雑な感情を含んだ情報もアーカイブ化することになります。

　市民の活動を記録として残すだけでなく，今後の活動の糧とすることができるようになれば，記録は利用される資源（リソース）となってゆきます。

2-4-3　パーソナルアーカイブ

　アーカイブは従来公的な記録の集積という意味合いが強かったのですが，デジタル技術とインターネット技術の進歩・普及により，個人の記録を蓄積し公開することが容易になってきました。

　個人の記録は，大きく2つに分かれます。1つは，個人に関する基礎的データの記録で，氏名，生年月日，性別，住所，本籍などがこれにあたります。2つ目はもう少し広い範囲での個人に関する記録で，学歴，職歴，肖像，趣味等，いわゆる履歴書や自己PRに記載されるようなデータに加えて，個人が作成あるいは関係した作品，個人の友人知人の証言等といった情報を合わせた記録です。

　こうした個人の記録は，個人が亡くなった場合にどのように扱われるべきかが大きな社会問題になりつつあります。例えば，ソーシャルメディアネットワークに記載された故人の個人情報の取り扱いについては，利用規約に定められ，一定期間使用が認められない場合に利用停止となる場合や，死亡証明書の送付などによりアカウントが削除される場合があります。しかし，故人の情報をどう取り扱うかの意思決定を誰が行うかなどの課題や，「個人情報とは，生存する個人に関する情報」であると定義する個人情報保護法において，故人のプライバシーがどのように守られるのかといった課題が残ります。 　　　　　　　　　　　　　　　　　　　　　　　　　　　（三宅　茜巳）

2-5　自治体・地方創生

2-5-1　オープンデータと自治体

　国や自治体はさまざまなデジタル情報資源を保有しているアーカイブ機関といえます。総務省は2017年5月30日付「オープンデータ基本指針」において，オープンデータの意義，定義等について示しました。「官民データ活用推進基本法」（2016年法律第103号）を踏まえ，オープンデータ・バイ・デザインの考えに基づき，国・地方公共団体・事業者が公共データの公開および活用に取り組むうえでの基本方針を定めたものです。2019年6月に続き，2021年6月に利用ニーズの高いデータの公開促進と公開データの機械判読性を強化するための改正が行われました。

　この基本方針から，オープンデータの意義と定義について要点を抜粋します。

オープンデータ基本指針（2021年6月15日改正）

推奨データセット

オープンデータの意義

公共データの二次利用可能な形での公開とその活用を促進する意義・目的。

(1) 国民参加・官民協働の推進を通じた諸課題の解決，経済活性化

(2) 行政の高度化・効率化

(3) 透明性・信頼の向上

オープンデータ100

地方公共団体ガイドライン・手引書（2022年6月15日改定）

オープンデータの定義

国，地方公共団体および事業者が保有する官民データのうち，国民誰もがインターネット等を通じて容易に利用（加工，編集，再配布等）できるよう，次のいずれの項目にも該当する形で公開されたデータをオープンデータと定義する。

(1) 営利目的，非営利目的を問わず二次利用可能なルールが適用されたもの

(2) 機械判読に適したもの

(3) 無償で利用できるもの

オープンデータ取組済自治体資料

地方公共団体ガイドライン・手引書

オープンデータに取り組む自治体数は年々増加してきましたが，2015年2月時点では1,788自治の内103自治体と一部にとどまっていました。その取り組みを促進するため，自治体におけるオープンデータの推進に係る基本的考え方等を整理した「地方公共団体オープンデータ推進ガイドライン」が2015年2月に策定されました。その後改定が繰り返されており，最新の改定版はデジタル庁のサイトで確認できます。この中では特に，オープンデータ推進の意義に地域の直面する課題を解決する視点が重要であることがつけ加えられています。

オープンデータカタログサイト

データカタログサイトは，デジタル庁が整備，運営するオープンデータに係る情報ポータルサイトです。2014年9月に本格運用が開始されました。営利・非営利を問わず二次利用可能なルールが適応され，機械判読に適しており，無償で利用できる公共データの案内・横断的検索を目的としています。

データカタログサイト

図表2-1　オープンデータ広報用ロゴマーク

オープンデータ広報用ロゴマーク（2015年2月公開）

オープンデータ伝道師

デジタル庁は2022年2月から，オープンデータに造詣が深い有識者を「オープンデータ伝道師」（2022年4月1日時点，全国で22名）として，自治体が主催するセミナー，研修会等へ派遣する取り組みを開始しています。

オープンデータ伝道師

2-5-2 　地方創生

一般社団法人 デジタル地方創生推進機構

日本の自治体オープンデータダッシュボード

地方創生オープンデータ利活用サイクル構築ガイドブック

　2014 年 10 月，新たなビジネスを創出し，地方創生を推進するとともに，経済の活性化を行うための組織として，一般社団法人オープン＆ビッグデータ活用・地方創生推進機構が設立されました。これは公共機関が保有するデータのオープンデータ公開を推進し，国・地方公共団体が公開したデータと組み合わせてビッグデータとして利活用することを目的としています。2022 年 6 月，地方公共団体の DX 推進と，それによる地域課題の解決に向け，機構の名称が一般社団法人デジタル地方創生推進機構に変更されました。この機構には，総務省が地方公共団体のオープンデータ取組率 100％を，2020 年度までに実現するためのオープンデータ研修ポータルがアーカイブ化されて運用されています。2020 年度に終了したこの事業は，オープンデータを推進する地方公共団体職員が必要な知見・技術を体系的に習得できる研修を全国で実施し，オープンデータの取り組みに結びつけるためのものでした。この研修が開始された 2018 年度当初，取り組み済み自治体は約 18％（325/1,788 自治体：2018 年 3 月時点）でしたが，2021 年 4 月までに約 65％（1,157/1,788 自治体）に増加しました。

　2020 年 8 月，地域の資料や文化財など，さまざまな分野の資料をデジタル化し公開している各地のデジタルアーカイブと連携し，それらをまとめて検索・閲覧・活用できるプラットフォーム「ジャパンサーチ」の正式版が公開されました。ジャパンサーチは観光や地方創生，ビジネスへの利用など，地方創生に資する新たな価値創出，イノベーション推進に貢献することが期待されています。

　2021 年 6 月，地方創生を進める内閣官房まち・ひと・しごと創生本部事務局・内閣府地方創生推進事務局は，地方創生オープンデータ利活用サイクルの確立に向け，「地方創生オープンデータ利活用サイクル構築ガイドブック」を作成しています。

（熊﨑　康文）

コラム4　　地域の人々の活動としての地域資源デジタルアーカイブ

岐阜女子大学
地域資源デジタルアーカイブによる知の拠点形成のための基盤整備事業

　高度情報通信社会において，この世には情報があふれていると言われながら，意外に知らないのが自分の生まれ育った地域です。この地域の貴重な「文化資源」を記録し保存等を行うことを「地域アーカイブ」と呼んでいます。

　自分の生まれた地域のさまざまな文化資源等をデジタルアーカイブしてみることにより，これまでに気づかなかったさまざまなものが，素材を通して見えてきます。

　また，地域資源デジタルアーカイブという手法を通して，自分と地域の新たな関係がそこに生まれ，時空を共にした一瞬を記録することができます。

この地域資源デジタルアーカイブは，このようにさまざまなことを発見し，理解を深めていくうえで大切な活動です。しかし，それだけで地域の本当の姿が見えてくるわけではありません。むしろ，デジタルアーカイブで記録された素材は，単なる地域を知る手がかりのような情報で，今現在の地域の映像は，長い時間経過の中の一コマを捉えた記録に過ぎず，非常に現象的なものです。

　例えば，皆さんが住んでいる地域は，古代には海の底だったかもしれませんし，陸地であってもそこは干拓されてできた土地かもしれません。また，家並みも50年前，100年前とは大きく異なっています。同様に，これから50年先，100年先がどのように変貌していくかもわかりません。あくまで地域の映像は，その「時代」の一瞬を写し取った現象的なものの記録なのです。こうして現在の地域をデジタルアーカイブすると，目には見えないもっと本質的な何かがそこにあるということが理解できてきます。そこに記録されたものが何なのか，なぜ地域の人々はそれを捉えたのか，といったことは，記録した時よりも，素材化した後，素材に再び向き合う時に気づいてくることが意外に多いものです。

　また，場合によっては，何十年も経過した後，古い素材に接した時に，以前には気づかなかったことに気づき，地域資源デジタルアーカイブしていたことのありがたさを感じることもあります。特に，地域の生活に中にある知を発見し，デジタルアーカイブすることは，地域の文化の再発見のプロセスとして重要です。

　しかし，このような地域資源デジタルアーカイブには，地域の人々の参加が必要となってきます。特に，地域の資料の収集，デジタル化には，地域の実情に応じた活動が重要であり，自分たちの身近な場で地域資源のデジタルアーカイブをすべきです。

　このためには，いかに地域の人々が自分たちの「文化資源」としていかに主体的に収集・整理することできるかが課題です。また，このような地域の人々や，大学，学校，社会教育施設などとの協働による地域資源デジタルアーカイブの活動を，地域における生涯学習の一環として捉えることが重要だと思います。

（久世 均）

コラム5　自治体アーカイブ：DX推進の影で顕在化するIT人材不足

　自治体立の博物館，美術館デジタルアーカイブも，運用年数が長期にわたり，社会的な要請に対応できなくなれば更新が必要となってきます。このとき課題となるのが，①財源と②IT人材（デジタル技術者）の確保でしょう。

　長崎県を例に挙げると，長崎歴史文化博物館や長崎県美術館等では，2005年度の開館以来，地元独自開発のシステムを用いて17年間運用を続けてきました。ところが，現在の基準では配信画像精度は低く，セキュリティ対応，約5年周期でやってくる高額なサーバ機器類更新費などが悩みの種でした。そこで担当課としてはクラウドサービスを基本とする新システムへの移行が必要と認識していましたが，予算要求をしても査定で撥ねられました。県単独予算での事業としては高額で，博物館建築部分に関連する改修など，より緊急性が高いと判断された事業が優先されてきたのです。

*8 文化庁
文化観光

デジタル田園都市国
家構想交付金

総務省
IT人材需給に関す
る調査（2019年3月）

総務省
自治体情報システム
の標準化・共通化

そのような状況のなか，システム更新へ踏み出す契機となったのが2021年度に長崎県の計画が認定された「文化観光推進法*8」でした。計画期間は5カ年間。対象事業を実施するために必要な施設・設備の整備も補助対象となる珍しいもので，おかげで2021年度にはシステム更新の調査業務を終えました。その成果を踏まえ，2023年度からの移行業務着手と2025年度の完全移行を目指しています。

国では，「デジタル田園都市国家構想交付金」が創設された（2021年度補正）ほか，約70年振りに大幅改正された「博物館法」で謳われるデジタルアーカイブ化推進を支援する事業予算も文化庁から要求されていることなどから，自治体アーカイブにおける財源確保の面は相当に進展すると思われます。

一方で懸念されるのが，アーカイブ業務を実施するうえでのIT人材（デジタル技術者）の不足です。2019年3月，経済産業省は，「IT人材需給に関する調査」において，2030年度には最大79万人の現場IT人材が不足するという衝撃的な試算結果を公表しました。IT技術者の58.1％は東京圏に集中し，地方在住はさらに少数という状況にあります（2015年度国勢調査）。加えて，国内の各自治体では，2025年度末までに基幹業務システムを標準準拠システムに移行することが急務となっています（自治体情報システムの標準化）。その事業規模は博物館アーカイブの比ではありません。実際に筆者も2022年度に入ってから，システムエンジニア（SE）が不足し，営業担当者がもってきた仕事に対しSEの調整がつかない案件が各地で発生しているとの話を複数のIT業者から聞いています。熾烈なIT人材争奪戦はすでに始まっているのです。

今やDXの用語を聞かない日はなく，関連補助金も増加してきました。ところが，DX推進の影でIT人材の需給ギャップは拍車がかかっています。自治体では，せっかく補助金を獲得できた事業なのに人材不足で遂行できない，そのような事態も覚悟しなくてはいけない段階に来ているようです。

（齋藤　義朗）

2-6　企業

2-6-1　企業アーカイブの定義

資生堂企業資料館

パナソニック・ミュージアム

デジタルアーカイブの対象となる資料は，いわゆる文化財や芸術作品，地域文化に限るわけではありません。特に，見落とされがちなのが企業に関する資料です。以下，企業資料のアーカイブ化について説明します。企業アーカイブ（ビジネス・アーカイブ）の定義ですが，ここでは，企業アーカイブ＝組織アーカイブとみなし，「組織内で作成されたものおよび，その組織と外部との間でやりとりされた通信等の記録資料を保存・管理・提供するもの」とします。

2-6-2　企業アーカイブの価値

企業におけるアーカイブの価値について考えてみましょう。企業資料には業務の中

で日常的に作成される資料に加えて，創業者の思い，企業の理念，経営方針，社会的役割，未来への展望，企業の風土・雰囲気などその企業がもつ独特の文化を伝える資料があります。こうした資料をデジタルアーカイブ化し，活用すれば，企業は投資家や企業内の関係者ばかりか，企業外の一般の人々に企業のアイデンティティ，理念，ミッション，経営方針，製品情報，進むべき方向性等をアピールすることができます。

トヨタ自動車 75 年史

　企業アーカイブは，意思決定，広報宣伝，ブランド戦略，透明性確保，説明責任，リスク管理，CSR，社史編纂，教育研修，経営理念継承，製品開発，マーケティング，法務，コンプライアンスに役立ちます。広報用写真の全世界での共有化による生産性向上や，工場内の事故共有化による生産効率低下防止策としても有効です。

世界／日本のビジネス・アーカイブズ

　顧客や株主は，アーカイブに蓄積された企業資料から，当該企業の価値，経営理念，社会的役割，製品の確かさ，未来への展望等を確認し，当該企業を信頼し，選択し，投資の対象とすることができます。一般の人々は上記に加え，当該企業の信頼性について「評判」という形で広く社会で共有することになります。従業員等は，自分が所属する企業を信頼し，自分も信頼される社員になろうと思うことでしょう。その結果，企業はより優秀な人材を獲得することができることになります。

　企業アーカイブには，企業の進むべき方向性を見据え，企業の未来を記録するという視点が必要ではないでしょうか。つまり企業の理念やヴィジョンにそって「何をどのように記録していくのか」という視点にたって計画的にアーカイブ化することが求められるのです。

　企業資料のアーカイブ化には，資料のアーカイブ化にかかわる知識と技術をもち，企業資料に通じた人材が必要です。各企業においてこうした人材の育成が望まれます。

（三宅　茜巳）

コラム6　ヤマハ発動機におけるデジタルアーカイブ活動

　「ヤマハ」と聞くと，ほとんどの方が「楽器」「ピアノ」をイメージし，ごく一部の方が「オートバイ」「マリン」をイメージすると思います。楽器中心に事業を展開しているのはヤマハ株式会社，オートバイ中心に事業を展開しているのはヤマハ発動機株式会社，実は別会社です。筆者は後者のヤマハ発動機に属しています。ヤマハ発動機は1955年にヤマハ株式会社，当時の日本楽器製造から二輪車事業を分離・独立し創立，現在は16の事業軸で180を超える国，地域でビジネス展開しています。

ヤマハ発動機（株）ヒストリーサイト

　当社が企業アーカイブ活動を開始する契機になったのは，写真や映像などをアーカイブするデータベースシステムによる業務改善でした。筆者が担当になり，本社，国内外拠点へのシステム展開を任された当時，おもに3つの課題を抱えていました。

　(1) 世界中からアクセス可能なデータベースシステムを社内に保持していましたが，使用

は一部の拠点や事業にとどまり，大多数のデータは個別管理されていました。データを共通ドライブに保管していても，情報との紐づけがされておらず，繰り返す担当者変更と共に詳細がわからなくなり，データが使用できなくなる例もありました。

(2) 製品写真が一元管理されていないため，全く同じモデルの製品写真が複数の拠点で撮影され，費用が重複して発生していました。

(3) データベースシステムは外資系システムを流用していたため，メタデータ入力は英語のみ，キーワードは完全一致でないとヒットしないため，日本語独自のキーワードは，英語訳のブレが発生し特にヒットしない，使い勝手の悪いシステムでした。

そこで，課題解決のために，次の3つの活動を行いました。

(1) 社内ルールの制定，社内展開推進

事業や拠点で制作された写真や映像について，権利，使用条件を明確にし，データベースシステムにアーカイブし管理することを社内ルールとしました。確実な社内展開のため，すべての事業，拠点に管理責任者と担当者を設定しました。

(2) 歴史素材のデジタルデータ化推進

未整理であった歴史的価値の高い映像や写真，冊子を整理しデジタルデータ化し，情報と共にデータベースシステムにアーカイブをする活動を開始しました。

(3) 新データベースシステムの開発，運用

メタデータは2倍になりますが日本語，英語併用とし，キーワード検索は部分一致でもヒットするようにしました。社内IDと連動させることで，写真や映像を探す社員が直接検索できるようにしました。

デジタルアーカイブ活動は会社の利益に直接貢献する形が見えにくいため，残念ながら評価されにくい活動です。活動を継続するためには，デジタルデータの利活用を促進し，社内理解を得ていくことが重要だと考えます。

(和田 一美)

3章　運営・管理

3−1　デジタルアーカイブ開発のプロセス

3−1−1　計画策定

　デジタルアーカイブを開発することになった場合，開発の目的，収集の対象となる資料は何か，資料収集の方法，開発の期間，開発する人材，開発や維持にかかる予算，長期的な保管の方法，データの提供の方法，利用の状況や利用対象者，著作権や肖像権等の権利処理などを考えて計画をたてましょう。

　デジタルアーカイブの開発の目的は，資料をデジタル化し，デジタルデータとして長期保存を行い後世に伝えられるようにすることや，コンピュータで活用できるようにすることで，利便性や価値を向上させることができることだと考えられています。どのように保存し，どう活用できるのかを考えて，まずは，開発の目的を決め，どの資料まで収集の対象とするのか，対象となる資料の範囲や判断する基準を決めましょう。

　あなたが今デジタルアーカイブ化したい資料は，劣化が進んで触ることが困難になりそうな古文書であったり，なかなか再演が難しい希少性の高い舞台であったり，大量に所持していて整理することで活用できそうな書類や，問い合わせが多い人気の画像ファイルであったりするのではないでしょうか。資料の劣化の程度，希少性，活用の可能性，人気などが，デジタルアーカイブの対象物を決めるうえでの判断基準となることが多いです。

　また，資料収集の方法は，対象の資料がアナログなのか，デジタルなのかで，大きく変わります。アナログの場合はどうやってデジタル化するのか，カメラ撮影，ビデオ撮影，スキャニングなどの方法が考えられます。また専門の業者に頼むのか，自分で行うのか，どんな機材を使うのかによって質が変わってきます。選択する方法や質によって，開発の期間，開発する人材，開発にかかる予算が変わります。

　次に，収集できたデータの長期的な保管の方法について考えてみましょう。どこに何年間保管しますか？　データ形式は何にしますか？　データの全体容量はどれくらいになりそうでしょうか？　冗長化やバックアップの方法は？　などを，画像データや動画データが年々高解像度化していることを踏まえて検討する必要があります。また，新しいアプリケーションやシステムが開発されることによって使えなくなってしまうデータ形式もあります。それらをできるだけ考慮し，どうしたら長期的なデータ

図表 3-1　企画書の項目例

タイトル
目的
対象資料
資料の概要
先行例
利用者・利用イメージ
開発者（体制）
資料収集の方法（デジタル化の方法）
権利処理の方法
データ保管の方法
データ提供の方法
開発期間・スケジュール
予算

保管が行えるか考えましょう。

　データの提供については，まず，公開しても良いデータかどうか，著作権や肖像権等の権利処理の状況，環境や慣習への配慮などを考え選別する必要があります。提供の方法は，現在はインターネット上での公開が一般的です。せっかく開発したデジタルアーカイブですので，できるだけオープンな形で公開し，多くの方に利用していただけるようにしましょう。利用対象者はどんな方か，どのような状況での利用が想定できるかを考えて，データの提供方法を決める必要があります。

　デジタルアーカイブの開発は，開発したら終わりではありません。資料の収集，管理，活用，評価を繰り返すことによって，長期間の保存ができ，活用されるデジタルアーカイブを開発することができます。そのことも踏まえて計画をたてましょう。

3-1-2　企画書の作成

　計画を企画書にしてみましょう。企画書を作成することで，計画を具体的に考えることができます。また，他の人に見せることで有益な知見を得られ，賛同を得ることができればデジタルアーカイブの開発の実現が近づくかもしれません。また，組織でデジタルアーカイブを開発する場合は，開発方針の基準を決めて，仕様書を作成すると，開発にあたっての共通認識をもつことができます。仕様書には，国立公文書館「公文書館等におけるデジタルアーカイブ・システムの標準仕様書」などが参考になります。

国立公文書館
公文書館等における
デジタルアーカイブ・
システムの標準仕様
書(2018年3月改訂)

40

3-2　長期保存

　デジタルアーカイブを開発する目的を決めるうえでも取り上げたように，データの長期保存はデジタルアーカイブの役割の根幹となる部分です。未来の人々に，現時点で収集できる過去の情報や現在の情報を伝えることはデジタルアーカイブの使命です。

　また，近年は災害等による文化財の喪失への備えとしての役割も注目されています。デジタルデータは，和紙のような1000年を超えるような長期保存の実績はまだありませんが，複製や加工のしやすさ，小スペースでの保存，ネットワークでの伝送などの特徴を活かしたさまざまな長期保存への取り組みが行われています。

3-2-1　Item Pool，短期・長期 Item Bank の概念

　デジタルアーカイブのための保管の段階は，保管を想定する期間によって，次のように分けて考えることができます。
　(1) 収集，記録した資料を一時保管する（Item Pool）
　(2) 現在から数十年後までの利用を考えた短期利用（Item Bank）
　(3) 数十年～数百年・数千年後までの保存を考えた長期保管（Item Bank）

　そもそも Item Pool, Item Bank とは，1960～1970年代に用いられた概念名称です。利用者の使いやすさを考えた保管である短期・長期 Item Bank では，利用目的によって，資料を選定評価し，両者を区別して保管することになります。

　それぞれの段階で，適切な保管のためのメタデータを考え，記録することが重要です。デジタルアーカイブとして収集すべきデータは，必ずしもすぐに活用できるデータとは限りません。今しか収集できないデータや権利等の問題によってすぐに活用できないデータも存在します。メタデータに使った言葉も，今は誰もが理解できるけれど，将来は使われなくなり理解されない言葉があるかしれません。

　短期利用（Item Bank）と長期保管（Item Bank）を区別し，より適切な保管の方法を考える必要があります。

3-2-2　マイグレーション，エミュレーション

　データの長期保存をするには，記憶媒体の劣化やシステムやソフトウェアの更新やサポートの終了に対処する必要が出てきます。

　マイグレーション（Migration）とは，データを新しい記憶媒体に移行したり，新しい記録フォーマットへの変換を行うことを指します。

　データを長期保存していると，DVD，ハードディスクなど記憶媒体の劣化や故障，フロッピーディスク，ビデオテープなどのように記憶媒体の再生装置の生産中止などによって再生が不可能になることは避けられません。また，静止画や動画の再生フォー

マットは，高画質化に伴い新しいフォーマットが開発されていきます。古い再生フォーマットはだんだん使う人が少なくなっていきます。そこで，古いハードディスクが故障してしまう前に，新しいハードディスクにデータをコピーしたり，技術の進化にあわせて新しいフォーマットへの変換を続けていくことで，活用できるデータを維持することができます。

エミュレーション（Emulation）とは，システムの動作を他のシステムで模擬的に動作させることです。エミュレータ（Emulator）ソフトによって，1つのコンピュータを使って複数のOSを動作させたり，過去のハードウェア用のソフトウェアや別会社のハードウェア用のソフトウェアを動作させることができます。年月が経ち入手が難しくなったハードウェア用のソフトウェアでしか再生できないデータを再生することもできます。

3-2-3　OAIS参照モデル

100年後にデータが物理的に保存できていたとしても，再生できるソフトウェアが何かわからなければ内容をみることができません。そのような事態を避けるために，データと一緒に，データに関係する情報を保持する必要があります。

OAIS Reference Model (ISO14721)

OAIS参照モデル（Reference Model for an Open Archival Information System）は，情報の内容を長期に再生（維持）する仕組みとして考えられた概念モデルです。国際標準規格とされ，欧米では，デジタルアーカイブシステムの基本的要件としてOAIS参照モデルへの準拠が求められています。

OAIS参照モデルでは，コンテンツ（内容情報）とそれらの保存記述情報を情報パッケージとしています。

保存記述情報には，
・コンテンツの来歴情報
・コンテンツの他の情報との関係を示すコンテクスト情報
・コンテンツがどのようにできているかを示す表現情報

インターネット資料収集保存事業（WARP）

・コンテンツが変更されていないことを示す固定性情報
の4種類があり，コンテンツ（内容情報）を長期に保存（保管）することを補完する仕組みになっています。

3-2-4　ウェブアーカイブ，ダークアーカイブ，DOI

インターネット上でも，デジタルアーカイブの保存が行われています。

Portico

ウェブサイト上の情報を収集して保存することをウェブアーカイブ（Web Archive）と言います。日本では国立国会図書館が2002年よりインターネット資料収集保存事業（WARP）を実施しています。

ダークアーカイブとは非公開のアーカイブのことで，そのほか，制限を設けて公開

されるものはグレイアーカイブ，インターネット上で公開されるものはホワイトアーカイブと呼ばれることがあります。

　また，ダークアーカイブは，自然災害等により，コンテンツを提供できない事態が発生した場合，ダークアーカイブサービス提供機関より公開される仕組みでもあります。

　代表的なサービス提供機関としてアメリカの非営利団体が運営する Portico と学術コミュニティー（大学図書館・出版社）による共同運営事業 CLOCKSS の2つがあります。

　ダークアーカイブを導入していることをジャーナル登録の条件としている文献検索サービス（PubMed 等）もあります。日本の科学技術情報の電子ジャーナル出版を推進するプラットフォームである J-STAGE（科学技術情報発信・流通総合システム）も J-STAGE 利用機関にダークアーカイブサービスを提供しています。

　DOI（Digital Object Identifier）とは，インターネット上にある電子化された学術論文，書籍，論文付随情報，研究データなどのコンテンツに付与される国際的なデジタルオブジェクト識別子です。DOI を管理するデータベースに，コンテンツのもつ DOI と所在情報（URL）がペアで保管され，DOI を問い合わせるとペアの URL を返すという仕組みによるものです。DOI 登録サービスは，国際 DOI 財団に承認された DOI 登録機関（RA 機関）によって提供されています。代表的なサービス提供機関として国際 DOI 財団のデジタルオブジェクト識別子公式登録機関 CrossRef があります。日本では，認定機関 JaLC によって，国内の学術論文や研究データの DOI 登録が行われています。

（林 知代，櫟 彩見）

3-3　評価

　デジタルアーカイブは，多種多様な情報資源（資料）を記録，保存，発信，評価するプロセスを軸として進められます。しかし，記録，保存，発信方法の実践や研究に比べ，評価に関する研究や標準化はあまり進んでいません。

　そこで，この節では，アーカイブ機関が用いる自己点検評価ツールとして作成，公開されている「デジタルアーカイブアセスメントツール」を中心に，評価に必要な視点について説明します。

3-3-1　デジタルアーカイブアセスメントツール

　「デジタルアーカイブアセスメントツール」は，知的財産戦略本部デジタルアーカイブ推進委員会及び実務者検討委員会により，2018年4月に初版，2020年8月に改訂版が公開されました。

　同委員会による報告書「我が国が目指すデジタルアーカイブ社会の実現に向けて」

我が国が目指すデジタルアーカイブ社会の実現に向けて（2020年8月）

では，デジタルアーカイブ社会の実現に向けた施策の検討の一つ（評価の枠組みの整備）として挙げられており，「来館者数やアクセス数等の従来型の指標だけでは，デジタルアーカイブの取組が適正に評価されない」との指摘に対応し，「各組織において求められる水準が異なることを踏まえ，項目ごとに三段階のモデルを用意し，求められている役割がどこまでできているかを客観的に評価」でき，「自らの役割に対しての達成度を確認」できるよう作成したと説明されています。

　三段階のモデルと，評価項目は以下のように設定され，それぞれのモデルごとに，評価項目に従って自己点検・評価を行うことができます。また，デジタルアーカイブへの取り組み，基本計画の適性性を判断する指標としても捉えることができます。

［三段階のモデル］

・標準モデル（小規模な機関で行うことが推奨される水準）

・先進モデル（各機関のミッション等の必要に応じて目指す水準）

・つなぎ役モデル（分野・地域コミュニティのつなぎ役の役割をもつ機関が目指す水準）

［評価項目］

1　組織的基盤の取組

　①方針・計画　②予算　③人材確保　④人材育成　⑤長期保存（方針等）

　⑥長期保存（体制整備）　⑦セキュリティ　⑧利活用の促進　⑨外部識者

2　メタデータの整備・公開

　①整備　②公開状況　③連携状況　④標準化　⑤多言語対応

3　デジタルコンテンツの作成・公開

　①作成・収集　②品質（コンテンツ）　③公開状況　④公開方法

4　オープン化・二次利用可能性

　①利用条件表示　②メタデータ　③サムネイル／プレビュー　④コンテンツ

　⑤CC0/PDM　⑥周辺の権利

5　持続可能性の担保

　①データ管理（コンテンツ管理）　②データ管理（メタデータ整備）

　③データ保存　④保存用データ形式　⑤システム安定性

　⑥メタデータ管理（識別子付与）　⑦メタデータ管理（アクセス保証）

　⑧データ移行性

6　相互運用性の確保

　①ダウンロード・API（メタデータ）　②ダウンロード・API（コンテンツ）

　③共通用語　④URI　⑤Linked Data　⑥公開フォーマット

　⑦閲覧環境（コンテンツ）

7 利活用促進に向けた取組
　　①情報発信　②利活用事例　③イベント等　④利用分析　⑤付加価値
　　⑥Linked Data　⑦多言語対応　　　　　　　　　　　　　　　（谷　里佐）

3−4　デジタルアーカイブ経営

3−4−1　デジタルアーカイブ経営の必要性

　デジタルアーカイブは，博物館，図書館，文書館，大学だけでなく，政府や自治体，企業へも導入が拡大しています。さらに，地方創生を担う地方自治体や民間団体では，郷土の学習教材，有形・無形文化財の保存継承，伝統工芸をはじめとする産業の生産性向上や技術継承など，さまざまな目的により，多様なデジタルアーカイブ開発への取り組みを始めています。

　しかし，デジタルアーカイブ開発を担う人材であるデジタルアーキビスト育成では，デジタル化技術や法や倫理の知識の獲得が中心になっており，合理的な組織運営のノウハウが集積され活用されているとは言い難い状況です。今後デジタルアーカイブが社会の基盤として有用性がより認知されるためには，提供する組織の長期的な経営戦略に基づいた計画的な開発と運用が求められます。そのため，経営上の課題を実践的に整理することで効率的な対応を行う，ヒト・モノ・カネ・情報のマネジメントとして経営を捉え直し，デジタルアーカイブの開発，運営を行う必要があります。どのように人材，資源，資金調達，情報収集等を行い，継続的にデータを提供するかというマネジメント，つまり経営的視野を有した人材育成の理論的構築が急務といえます。

3−4−2　デジタルアーカイブ経営論の目的

　経営的視点をもった人材を養成するには，初めに，それぞれの提供機関のミッションに応じて，どのようなデジタルアーカイブを開発・運営するかについて，内外の動向を把握し，組織の目的を明らかにすることです。これを基礎として，次に組織のデジタル化の方策を決め，デジタル化の技術を標準化することで，他の機関との連携を実現してデータを相互に提供することが可能になります。

　高度情報化社会が進展しデジタル庁が設置されるなど，急速にDXが進行しています。デジタルアーカイブ経営論の目的は，市民の意思決定や創造的活動に必要な過去・現在の多様な情報を，検索など市民の求めに応じて継続的にデジタルデータを提供することにあります。そのため，デジタルアーカイブ機関が有するヒト，モノ，カネ，情報などの経営資源を有効に組み合わせて経営を行うことが求められるのです。その結果，文化・芸術・科学・教育・政治，産業等社会の各分野での活用によって，市民の満足の創出や市民生活の充実，安全・安心の確保など豊かさへの貢献を図り，人々

総務省令和3年情報通信白書（デジタル・トランスフォーメーションの定義）2021年

の豊かさの実現に寄与できるようになります。

　なお，実践的な経営論のゴールは，総合的な観点からデジタルアーカイブを構築し，運用，活用，維持できる力の養成といえます。具体的には，システムの開発業者に目的や対象データ，利用者のイメージを的確に伝える力のことです。その後，開発業者から提案される開発仕様書が組織として要求している要件を満たしているか，適正な業務委託費であるか等を分析的に見る力も必要になります。さらに，デジタルアーカイブの継続に必要な人材を確保し育成する力や，これからのデジタルアーカイブに必要な他の機関が提供するデータや知をどのようにつなぐかというネットワーク構築力（連携の方策・ソリューションを見いだす力）も育成しなければなりません。

3-4-3　デジタルアーカイブの経営課題

　デジタルアーカイブを経営の視点から検討し，大きく課題を図表3-2に整理します。①国内外のデジタルアーカイブの動向と政策課題の把握と対応，②デジタルアーカイブを機関の理念や事業目的に顕在化，③現場の仕事にデジタルアーカイブの開発・提供・維持をルーチンワーク化するなど，理念や目的（の実現）に向かって，デジタルアーカイブ開発・提供・維持をどう展開するか等についての方針の策定，④財政的手当て・マネタイズ・ファンドレイジング，⑤組織と施設設備の構築と管理・運営，⑥人材育成と関係機関ネットワークの形成，以上6の課題を検討し，運営・マネジメントを行うことになります。

図表3-2　経営課題

	構成要素	経営・マネジメントの視点
1	国内外の動向・政策課題の理解	オープン化や知のシェアなど知識循環型社会の基盤としてデジタルアーカイブ開発・振興にかかる国内外の動向，それに伴う政府自治体の政策課題，「著作権法」等法整備の現状把握と対応
2	デジタルアーカイブを機関の理念や事業目的に顕在化	組織内部の理解・合意形成を図る。その後，機関の設置目的・ミッションまたは経営方針にデジタルアーカイブ開発・運営・継続的なデータ提供などを記載し，事業として明確化・ポジショニングを行う
3	デジタルアーカイブ開発・提供・維持をルーチンワーク化	組織現場の運営方針に，デジタルアーカイブ開発に関する個別の項目を立てルーチンワーク化し，中長期的な計画を策定する（戦略的な長期的方針・戦術的な短期的具体的方針の策定と実施）
4	財政・マネタイズ・ファンドレイジング	開発・運営・維持するための財政的確保。内部の予算獲得だけでなく，外部の競争的資金獲得，専門的な資金調達スタッフの確保
5	組織と施設設備の構築，管理・運営	組織の整備・人材配置，インターネット回線，サーバー，デジタル化機器等施設設備・システムの整備，デジタル化に関連する旅費，外注費用等の経費管理，総合的な防災対策・災害時に対応した事業継続計画策定（Business continuity planning: BCP）を通じて，継続的なデジタルアーカイブ提供体制を実現するレジリエンス・災害耐久力向上等をPDCAサイクルにより維持する
6	人材育成と関係機関ネットワーク形成	デジタルアーカイブ開発・運用を担うデジタルアーキビスト・スタッフに対する経営感覚の醸成，倫理研修，デジタル化技術取得，防災研修，ハラスメント研修の実施，関係デジタルアーカイブ機関とのネットワーク形成

3-4-4　デジタルアーカイブ経営上の今日的課題

　各デジタルアーカイブ提供機関の目的・ミッションにそった今日的な視点から，開発計画の策定，開発概要の明確化など，より実践的な経営論の課題を整理します。

(1) 知識基盤としてのデジタルアーカイブ

　知識循環型社会における基盤・ナレッジベースとなるデジタルアーカイブ開発が求められており，オープンデータ化による二次利用を考慮した開発であることが重要です。ダウンロードが可能であり，機械可読により修正，二次利用が可能になるような権利処理と，それを利用者に伝えるためクリエイティブ・コモンズ・ライセンスやライト・ステートメントなどのライセンス表示が必要になります。

(2) 内生的デジタルアーカイブ化

　無形文化財・無形民俗文化財や文化財の保存技術等でデジタルアーカイブを活用する場合，デジタルアーカイブ提供機関によるデジタルアーカイブ化ではなく，当事者や伝承者自身の行う技術継承や儀礼・プロセスを熟知した人による内生的デジタルアーカイブ開発など，市民参画による当事者の視点を導入することが望ましく，企業内の技術継承を目的としたデジタルアーカイブにあっても，同様に有効になります。

(3) 市民参加型デジタルアーカイブ開発

　国立科学博物館と神奈川県立生命の星・地球博物館の魚類分類研究者が共同で開発した魚類写真データベースは，大学や博物館だけでなく600人以上の一般ダイバーが二次利用を前提に提供した13万件の写真により成立しています。このような市民科学（Citizen Science）や地域の過去・現在の写真を市民から収集し提供している豊中市北摂アーカイブスの写真データベースなど，市民がコンテンツを追加し発展させるシステムを採用することは，利用者の視点やコードを撮影時から包含させることとなり，市民の活用をさらに促進することが可能になります。

魚類写真データベース，国立科学博物館と神奈川県立生命の星・地球博物館

(4) 利用者の求めるメディア提供

　開発者の視点からのメディア提供でなく，詳細に画像を見るのであれば静止画，全体の流れやプロセスを見るのであれば動画，音声を重視するのであれば音声・音響，ロジカルに言語化して理解するのであればテキストデータの提供など，利用者が活用時に求めるメディアを複合的にクロスメディアとして提供することが必要です。

北摂アーカイブス，写真データベース，豊中市

(5) ユニバーサルデザインの実現

　ユニバーサルデザインを前提としたデジタルアーカイブ提供，開発者におけるユーザーファーストの姿勢と実践，開発段階から身体障害者や高齢者，外国人などの参画によるインクルーシブデザインの導入などによって，ユーザー参加プロセスを前提とした開発を行うことが求められます。

(6) イノベーションを意識したデジタルアーカイブ提供

　AIは，利用者の好みや思考に近い情報だけを提供するため，その範囲内で判断せ

ざるを得ないエコーチェンバー現象の克服が課題です。AIに依存しない，偶然的な出会いや思いがけない発見「セレンディピティー」がイノベーションには必要であり，今後デジタルアーカイブはこのプロセスをサポートする必要があります。デジタルアーカイブをベースにした知識循環型社会は，過去・現在の多様な情報を組み合わせ，新たな価値を創造する環境の実現を図らなければなりません。ジャパンサーチやヨーロピアーナ，DPLAで取り組まれているギャラリー等は多様な知との出会いの機会になります。

(7) 財政基盤に応じたシステム開発

　ユーザビリティを高めるため提供システムを過度につくりこむことは，提供側サーバOS，利用者側パソコン，タブレット等情報機器OS，プラグインソフトのバージョンアップ，パッケージソフトの陳腐化など経年・環境変化によりアクセシビリティ対応が増加することになります。さらに，最初の開発業者に独占的・排他的地位を与えることになり，高額なシステム更新（リプレイス）になる可能性が高まります。このことから，将来の持続的デジタルアーカイブの提供を考慮して，オープンソースを活用することや，ソフトウェア開発にソース開示が含まれているかなど，開発業者の提案を慎重に精査したうえでシステム開発に着手すべきです。

(8) 長期保存・マイグレーション計画

　物理的劣化や技術発展に対応した媒体の変換など，マイグレーションを定期的に実施するとともに，現在利用可能なデジタルアーカイブの保存提供だけでなく，将来の利用可能性という観点から，「伝承」を意識した長期的視点でのデジタルアーカイブの保管・保存を行うことも検討してください。

(9) 評価によるPDCAの実施

　デジタルアーカイブの持続可能な開発と改善を図るのであれば，評価をキーとしたPDCAサイクルの導入が必要です。このことを通じて，現実的かつ総合的なデジタルアーカイブ開発のためのプロセス上の課題が明らかになります。そのため，組織・業務アーカイブの視点から，開発プロセスおよび改善の記録をデジタルアーカイブ化して公開することによって，事業として内外に説明責任を果たし，将来の改善に対する資料を残すことによりPDCAが可能になります。

(10) デジタルアーカイブ間の連携

　小規模デジタルアーカイブであれば，分野別統合ポータルへのApplication Programming Interface: APIを通じたメタデータの提供，分野別統合ポータルであれば，ジャパンサーチへのAPIを通じたメタデータの提供により，活用のフィールドを広げることが重要です。なお，デジタルアーカイブ提供に必要な基本設計，データベース，入出力，メンテナンス，業務の標準化，将来の拡張性などのシステム開発は，外部委託や組織内での開発が可能な場合もあります。全体的な開発規模プランを，デジタルアーカイブの活用拡大や持続的観点から検討することが必要です。　　　　（井上　透）

4章　法と倫理

4－1　著作権等の情報

　著作権等の情報は，自らが関わるデジタルアーカイブを適切に運用するために必要な知識ですが，わかりにくい部分と法律等が変わる早さが急速であるという面があります。わかりにくい部分として，放送などマスコミが行っていること（包括契約などで権利者に支払い済）は，自分もできないとは考えないで法律や解説資料を読んでしまうことや「著作権法」が権利制限や支分権という通常の法律とは異なる側面をもっていることなどが原因と思われます。教育関係者は，「著作権法」第35条を拡大解釈して教育活動では何でも行えると思い込んでいることも原因の一つです。法律や解説資料を読むときには，自らの立場を横に置いて理解する姿勢をもつことが正確な知識を増やすポイントになります。

　続いて急速に法律等が変わるという側面ですが，デジタルアーカイブと「著作権法」は常に議論が積み重ねられ，1年に一度は関係法令が変わると考えておくことです。その変化に対応するため，情報源を常にチェックすることがポイントになります。また，自らが構築したデジタルアーカイブを適切に利用や保護するためにも権利の知識は必要です。不本意な利用，不本意な改変などを防止するためにも必要な知識ですので，少しずつ学び，知識を積み上げ，常にブラッシュアップしてください。

　デジタルアーキビストは，デジタルアーカイブ構築・運用などの過程で中心的な役割を果たすことが期待されます。その役割に応えるためには，デジタルアーカイブに関する理念や技術とともに，著作権・肖像権・個人情報やプライバシー，慣習などの制度に関する知識が必要です。なかでも近年多くの人々が関心を示す著作権についての知識は最優先のこととして学び，学び続ける必要があります。また，文化庁の著作権テキストは拡大解釈防止のためにも，最低限の知識獲得の道標という認識が必要です。繰り返しになりますが，自らの立場や考えを横に置いて客観視してテキストを熟読してください。

デジタルアーカイブ
システムコラム（イン
フォコム株式会社）

　また，著作権に関しては，デジタルアーカイブ推進協議会（JDAA）でも設立当初から検討されていました。さらに，東日本大震災のデジタルアーカイブ構築時には総務省のガイドラインも「第6章 震災関連デジタルアーカイブの権利関係の処理について」として詳細に方針が示されています。デジタルアーカイブ構築の事務の流れのフローも参考にして自ら構築する新たなフローを作成してください。

　そのほか，権利に関する情報は，下記の記述を読み，そのうえで各情報源にあたる

震災関連デジタル
アーカイブ構築・運用
のためのガイドライン
（2013年3月）

と理解が早まるでしょう。

4-1-1　文化庁

　文化庁の「著作権テキスト」は，初めて学ぶ人のために作成されており，法律の専門家でなくても，制度の基本が理解できるように工夫されています。デジタルアーキビストの実務を行うに際しては，少なくとも，このレベルの知識を身につけることが大切です。最新版には，直近の法改正について盛り込まれているので，常に，当該年度の著作権テキストを参照するようにしてください。

著作権テキスト（令和4年度版）

　著作権には，著作者の権利（狭義の著作権）と実演家等の権利（著作隣接権）があります。それぞれの権利の内容として，財産権と人格権が存在する点が，産業財産権等とは異なる特徴になっています。また，申請や登録等の手続きを経ずして，著作物が創作された時点で権利が付与される点が，著作権の特徴です。これを，「無方式主義」と言います。

　著作権の基本的な枠組みは，国際条約によって規定されており，基礎となっているのは，ベルヌ条約（著作権）とローマ条約（実演家等保護条約）です。1990年代以降，WTO協定（TRIPS）で，これら2つの条約の内容を遵守することが定められました。その後，デジタル化，ネットワーク化の進展に合わせて，WIPO著作権条約，WIPO実演・レコード条約が採択され，これらを踏まえて，わが国においても法整備が行われています。国際条約のもとで，締約国は，他の締約国において創作された著作物についても，互いに保護義務を負っています。

4-1-2　著作権情報センター（CRIC）

著作権情報センター（CRIC）

　著作権情報センター（Copyright Research and Information Center: CRIC）は，1959年音楽著作権協会など4団体によって発足した公益社団法人です。目的は，「著作権制度の普及活動および著作権制度に関する調査研究等を通じて，著作権および著作隣接権（以下「著作権等」）の適切な保護を図り，もって文化の発展に寄与すること」です。

　デジタルアーカイブを構築するうえで誰もが著作権についての知識が備わっているわけではありません。権利者はどのように考えるのかを理解する資料がさまざま公開されています。なかでも「Q & A」はわかりやすい解説で，初心者にも理解できます。著作権について基本的な知識が不足している人には「著作権って何？」を見ることを促すときにも役立ちます。

　・「著作権は身近なルール」
　・「著作物にはどんな種類がある？」
　・「著作者にはどんな権利がある？」
　・「著作権の保護期間はどれだけ？」

- 「著作隣接権とは？」
- 「外国の著作物の保護は？」
- 「著作物の正しい使い方は？」
- 「著作物が自由に使える場合は？」
- 「著作物を無断で使うと？」

などのQに，簡潔でわかりやすいAが記述されています。また，学校教育，図書館などの分野別のQ＆Aもあります。さらに，各国の「著作権法」などのデータベースも翻訳されています。フェアユースが議論の俎上に上ればアメリカの「著作権法」第107条が該当しますので，それが翻訳されています。そのほか，著作権教育の資料も豊富にあるので，基本的な理解を得る必要があればウェブサイトをよくご覧ください。

4-1-3　日本音楽著作権協会（JASRAC）

日本音楽著作権協会
（JASRAC）

一般社団法人日本音楽著作権協会（JASRAC）のウェブサイトによると，

　JASRACは，国内の作詞者（Author），作曲者（Composer），音楽出版者（Publisher）などの権利者から著作権の管理委託を受けるとともに，海外の著作権管理団体とお互いのレパートリーを管理し合う契約を結んでいます。JASRACは，膨大な数の管理楽曲をデータベース化し，演奏，放送，録音，ネット配信などさまざまな形で利用される音楽について，利用者の方が簡単な手続きと適正な料金で著作権の手続きができる窓口となっています。そして，お支払いいただいた使用料は，作詞者・作曲者・音楽出版者など権利を委託された方に定期的に分配しています。東京にある本部のほか，全国の主要都市に支部を置いて，主にコンサートやカラオケなどの演奏について世界にも類をみないきめの細かな管理を行っています。

と記載されています。

　活用するにはどの程度の予算が必要なのかについて使用料規定，計算シミュレーションも含まれています。また，キッズサイトは，地方自治体や学校のデジタルアーカイブを構築するうえでは，児童生徒に理解させるための資料として有効です。

4-1-4　デジタルアーカイブ学会

デジタルアーカイブ
学会

デジタルアーカイブ学会のウェブサイトでは，

　本学会は21世紀日本のデジタル知識基盤構築のために，デジタルアーカイブに関わる関係者の経験と技術を交流・共有し，その一層の発展を目指し，人材の育成，技術研究の促進，メタデータを含む標準化に取り組みます。

　さらに，国と自治体，市民，企業の連携，オープンサイエンスの基盤となる公共的デジタルアーカイブの構築，地域のデジタルアーカイブ構築を支援するとともに，これらの諸方策の根幹をなすデジタル知識基盤社会の法制度がいかにある

べきかについても検討をおこないます。

と記載されています。

　設立は 2017 年です。最近設立された学会ですが，「肖像権ガイドライン」が 3 回の円卓会議とパブリックコメント実施を経て，2021 年 4 月 19 日に公式公開されています。解説や活用事例も併せて公開されています。肖像権法という法律がなく参考資料が少ない状況で，唯一に近い存在となっています。

　そのほか，デジタルアーカイブの必要性の高まりからさまざまな学会がデジタル化に関する見識を示しています。実物資料を軽んじてしまうときにその分野の学会がデジタルアーカイブの必要性を認識し活動を始めていますので，分野ごとの学会の動向にも注目しなければなりません。

4-1-5　個人情報保護委員会

個人情報保護法ハンドブック(2022年4月)

　個人情報保護委員会は，「個人情報保護法」に違反する恐れがある場合には，立ち入り検査をし，指導・助言や勧告・命令を行う権限を有しています。その命令に従わない場合には，罰則の適用もあります。同委員会から示されている「個人情報保護法ハンドブック」は，デジタルアーキビストの実務の参考資料として，極めて有用ですので，参照するようにしてください。

　個人情報とは，生存する個人に関する情報であって，氏名や生年月日等により特定の個人を識別できるものを言います。他の情報と容易に照合することができ，それにより，特定の個人を識別できるものを含みます。個人情報を取り扱う事業者は，NPO 法人，自治会や同窓会のような非営利団体もすべて含まれますので，デジタルアーカイブの実務を行う際にも，注意が必要です。

　これらの事業者は，基本的に，利用目的を具体的に特定すること，データの安全管理のために必要かつ適切な措置を講じること，第三者への情報提供には原則としてあらかじめ本人の同意を得ること，本人からの開示請求に応じることの 4 つの基本ルールを遵守しなければなりません。特に，偏見や差別につながる恐れがある「要配慮個人情報」については，個人情報を取得する際に，あらかじめ本人の同意が必要となります。なお，学術研究機関等が学術研究の用に供する目的で個人情報を取り扱う場合などには，事業者の義務は適用されないこととされています。

個人情報保護委員会

　さらに詳細な情報を得るためには，個人情報保護委員会のウェブサイトを参照してください。

4-2 利用

4-2-1 著作物

著作物とは，①思想又は感情を，②創作的に，③表現したもので，④文芸・学術・美術又は音楽の範囲に属するものです。したがって，著作権は，特許権のように「アイデア」を保護するものではなく，「表現」を保護するものであることに注意が必要です。また，誰が表現してもおなじようなものになる創作性がないものは，保護対象になりません。

保護を受ける著作物は，日本国民が創作したもの，最初に日本で発行されたもの，および国際条約でわが国が保護義務を負うものです。著作物には，言語，音楽，舞踊，美術，建築，地図・図形，映画，写真のほか，コンピュータプログラムが含まれます。

翻訳や映画化のように，原作となる著作物をもとに，新たな創作性を加えて表現されたものは，二次的著作物として，別途，保護の対象となります。百科事典や新聞のような編集著作物も，個々の記事（部品）とは別途に，全体が編集著作物として保護対象になります。当然ですが，その編集に関しては，選択や配列について，創作性が必要です。このような編集物のうち，コンピュータで検索可能なものを，データベースの著作物と言います。

複数の者が共同で創作した著作物で，各人の寄与分を分離して利用できないものを，共同著作物と言います。その利用は，著作者全員の意思の一致により行われます。

4-2-2 著作権の権利の内容

著作者

著作者とは，著作物を創作する人のことです。実際に，創作活動を行ったことが基準になります。したがって，他人に制作を委託するような場合は，著作権の譲渡や利用に関して，あらかじめ契約をしておく必要があります。

法人が著作者となるためには，①制作の企画を法人が立てること，②業務に従事する者が創作すること，③公表する場合は法人名義で行うこと，④就業規則等に職員を著作者とする定めがないことのすべての条件を満たす必要があります。

映画の著作物に関しては，プロデューサー，監督，撮影監督，美術監督など，映画の著作物の全体的形成に創作的に寄与した者が，すべて著作者になります。なお，原作，脚本，音楽の著作者は，映画の著作者にはなりません。

権利の概要

著作者人格権は，公表権，氏名表示権，同一性保持権からなる権利です。著作者に

認められた一身専属の権利ですので，譲渡すること，相続することはできません。「著作権法」で，○○権という場合，多くは，無断で○○されない権利と読み替えるとわかりやすいでしょう。例えば，無断で改変されない権利が，同一性保持権です。この権利については，デジタルアーカイブの実務では，特に注意が必要です。

　著作権（財産権）については，著作物の利用の態様によって，種々の権利が法定されています。例えば，演劇を上映する，音楽を演奏する，言語を口述する，美術を展示するというような場合は，権利が働きますので，著作者の許諾が必要になります。複製物を制作して，公衆に譲渡する，貸与する，映画の著作物を頒布するなどの行為にも，権利が働きますので，著作者に無断ではできません。

　最も基本的な権利として，複製権と公衆送信権があります。複製権は，形のあるものに再製する複製を無断でされない権利です。複写や録音・録画のみならず，手書きやコンピュータに電子的に蓄積する行為も含みます。公衆送信権とは，著作物を公衆に無断で送信されない権利です。受信者からのアクセスに応じて送信される状態に置くことを含みます（送信可能化）。放送や有線放送による送信も含みます。なお，「著作権法」上の「公衆」とは，不特定又は特定多数を意味します。会員に限定しているとしても，それだけで公衆向けではないということにはなりません。

　二次的著作物に関しては，無断で創作されない権利，無断で利用されない権利が定められています。翻訳や映画化（創作）および出版や配給（利用）に当たっては，原作者の許諾を得る必要があります。

保護期間

　著作権の保護期間は，著作者人格権については，著作者の生存期間（ただし，その死後も侵害行為は不可とされています）であり，財産権については，原則として，著作者の死後 70 年までとなっています。なお，その計算は，死亡した翌年の 1 月 1 日から丸 70 年間（70 年後の 12 月 31 日まで）とされていますので，ご注意ください。国際条約により，保護期間が延長されてきた歴史がありますが，基本的に，条約を踏まえた改正法が施行された時点で保護期間が満了していない著作物については，延長の対象となります。

4-2-3　二次利用条件表示

　意思表示については，文化庁の「著作権テキスト」（令和 4 年度版）の 46 頁から記述がありますが，クリエイティブ・コモンズ・ライセンスについては，クリエイティブ・コモンズ・ライセンスのウェブサイトで解説していますので，それも参照してください。

　このような意思表示の方法が必要になったのは，誰もが発信者になり得るということから大量なデータが存在するようになってきましたが，その多くはどのように利用

して良いのかが明確になっていないということで，利用しにくいという問題が顕在化したことにあります。しかし，権利の問題をよく知らない人が他人の著作物を利用して勝手にマークを付することや知識が不足している人には難解であることなど今後改善が必要であるとの意見もあります。また，文化庁の自由利用マークはわかりやすいが普及をしていないことや国際標準を想定していないなどの問題があります。

また，意思表示にはそのほかのものもあるので，デジタル庁のコピーライトポリシーなどを参考にしてください。

デジタル庁
コピーライトポリ
シー

現在，クリエイティブ・コモンズ・ライセンセスは，ジャパンサーチやウィキペディア，大英図書館などが採用しています。また，デジタル庁や防衛省は，コンテンツ利用や出典の表記などとともにクリエイティブ・コモンズ・ライセンスについても取り入れて解説しています。

4-2-4　例外的な無断利用

総論

「著作権法」では，国際条約が許容する範囲で，権利制限規定が設けられています。これに該当する場合は，利用に関して著作者の許諾は必要ありません。例外的な無断利用を認めるものですので，勝手に拡大解釈して，著作者の権利を侵害することがないよう注意が必要です。また，一定の場合には，補償金の支払いが必要とされています。これは，権利者の正当な利益を守るための措置ですので，補償金を支払わない者は，利用ができません。さらに，著作者人格権については，権利制限の対象にはなりませんので，例えば，同一性保持権は働いていることに注意が必要です。

防衛省
ホームページ利用上
の注意

権利制限によって作成された複製物を，別の目的で公衆に譲渡する，見せる，聞かせることは，目的外使用になるため，著作者の許諾が必要です。無断で行えば，権利侵害になります。

権利制限の具体的な内容については，以下に述べる項目以外にも，福祉関係，立法・行政・司法関係，非営利・無料の上演・演奏・口述・貸与等，美術品・写真・建築関係，デジタル技術に関連する柔軟な運用，放送局関係について，規定が設けられています。詳細は，必要に応じて，「著作権テキスト」を参照してください。

権利者が不明である，権利者の所在が不明である等の理由で，相当の努力をしても，権利者と連絡が取れない場合は，許諾に代えて，文化庁長官の裁定による利用が可能です。なお，国や地方公共団体による申請に関しては，利用に必要な補償金の事前供託が免除されます。

私的使用

私的使用のための複製は，家庭内など限られた範囲内で，仕事以外の目的に使用するために，使用する本人（指示して他人を使うことは可能）が複製する行為が対象に

なります。誰でも使用が可能なダビング機を使ってはいけません。ただし，当分の間は，文献複写のみに用いるものについては，使用可能です。また，映画を盗撮するような行為は，私的使用が目的であっても，この規定は適用されないので，著作権侵害になります。

違法にアップロードされた著作物（音楽・映像・漫画・書籍・論文・コンピュータプログラムなど）を，違法にアップロードされたものと知りながらダウンロードする行為は，違法とされています。なお，国民の正当な情報収集等の萎縮防止等の観点から，軽微なものなどについては，規制対象から除外する措置が取られました。

附属対象物

いわゆる「写り込み」に関する権利制限です。写真，録画・録音，生配信等による複製や伝達行為全般において，軽微な構成要素であること，正当な範囲の利用であること，著作者の権利を不当に害するものでないことが条件になります。この権利制限によって，日常生活で一般的に行われる行為に伴う写り込みは，著作権侵害にならないことが明確になりました。

教育利用

教育機関での複製や公衆送信について，権利制限の対象とするものです。次の条件をすべて満たす必要があります。第1に，営利を目的としない教育機関（生涯学習施設等を含む）であること，第2に，教師や児童生徒・学生が自ら複製等を行うこと，第3に，授業のために著作物を使用すること，第4に，必要な限度内の部数や送信先であること，第5に，著作者の権利を不当に害するものでないこと，第6に，慣行があるときは出所の明示をすることです。

授業の過程において，著作者に無断で公衆送信する場合は，一般社団法人授業目的公衆送信補償金等管理協会（SARTRAS）との契約と補償金の支払いが必要です。保証金額は，児童生徒・学生一人当たり小学校120円，中学校180円，高等学校420円，大学720円となっています。制度の詳細，運用ガイドラインに関しては，SARTRASのウェブサイトを参照してください。

なお，学校や生涯学習施設等での遠隔合同授業（別会場へ同時中継するもの）に関しては，教材を送信することが，権利制限の対象となっています。

このほか，検定教科書，デジタル教科書，拡大教科書等，学校教育番組の放送，試験問題としての複製や公衆送信について，権利制限規定があります。

図書館・美術館・博物館による利用

公立図書館等での複製は，次の条件をすべて満たす場合には，権利制限の対象となります。第1に，営利目的でないこと，第2に，主体が図書館等であること，第3に，

SARTRAS（一般社団法人授業目的公衆送信補償金等管理協会）

当該図書館等が所蔵する資料であること，第4に，調査研究を行う利用者の求めに応じて行う，所蔵資料の保存のために必要である，または他の図書館の求めに応じて一般に入手困難な所蔵資料の複製物を提供する場合であることです。

このほか，国立国会図書館に関して，所蔵資料の電子化，公立図書館等へのインターネット送信，送信された資料の公立図書館等での複製，オンライン資料の収集・提供のための複製が，権利制限の対象になっています。また，国立国会図書館においては，絶版等資料について，事前に登録された利用者に直接送信できることとされました。加えて，公立図書館等において，図書館資料のメールなどでの送信も，図書館の設置者が補償金を支払うことを条件に，可能となりました（2023年6月1日までに施行されます）。

引用

引用は，権利制限の対象ですが，次の条件をすべて満たす必要があります。第1に，すでに公表されている資料であること，第2に，公正な慣行に合致すること（引用を行う必然性があること，カギ括弧などにより引用部分が明確になっていること），第3に，引用の目的上正当な範囲であること（引用部分とそれ以外の主従関係が明確であること，引用の分量が必要最小限度であること），第4に，出所の明示がなされていることです。なお，出所の明示さえすれば，無断で複製が可能というのは誤解ですので注意してください。

4-2-5 補償金制度

SARTRASの補償金制度は，オンライン授業の一環で他人の著作物を公衆送信する際に，個々の著作者の許諾を得ることが困難であるため，権利制限の対象としつつ，利用者である教育機関が著作権管理団体と契約し，補償金を支払うことにより，著作者の財産権を保護する制度です。その令和2年度版の運用指針には，授業の範囲，著作者の権利を不当に害することとなる場合などに関して，具体的な考え方が示されています。特に注意する必要がある点は，授業で使用する資料を購入の代替となるような態様で複製や公衆送信すること，組織的に素材としての著作物をサーバーに蓄積することは，権利制限の対象外とされていることです。

デジタルアーキビストの実務に照らして考えると，授業で使用したコンテンツ（児童生徒や学生が作成したものを含む）を蓄積して，授業が終わった後も利用することができるような制度設計（あるいは集中管理団体とのライセンス契約）の実現が望まれます。

4-2-6　著作隣接権

総論

　著作隣接権は，伝達する者の権利と言われています。具体的には，実演家，レコード製作者（音を最初に固定して原盤を製作した者），放送事業者・有線放送事業者が，その対象です。実演などされるコンテンツは，著作物でなくても構いません。また，申請や登録等の手続きを要しない点は，著作権と同様です。なお，実演家には，実演家人格権が付与されています。財産権の保護期間は，実演後70年，レコード発売後70年，放送後50年となっています。

実演家の権利

　実演家とは，実演を行った者，指揮した者，演出した者です。国内で行われた実演のほか，保護対象のレコードに固定された実演，放送・有線放送で送信された実演，および国際条約により保護すべき実演が含まれます。

　実演家人格権には，氏名表示権，同一性保持権（名誉声望を害するような改変をされない権利）があります。これらは，一身専属権ですので，保護は生存している間ですが，死後も，原則として，侵害行為が禁止されています。実演家の財産権には，録音・録画権，放送・有線放送権，送信可能化権，譲渡権，貸与権（音楽CDについては発売後1年間のみ）があり，これらは実演家の許諾が必要になります。また，音楽CDの放送・有線放送，公衆向けのレンタル（発売後1年以降の69年間）について，許諾権はありませんが，使用料を請求できる報酬請求権が定められています。

レコード製作者の権利

　レコード製作者の権利は，複製権，送信可能化権，譲渡権，貸与権（発売後1年間のみ）からなる許諾権と，実演家と同様の音楽CDに関する報酬請求権によって構成されています。

放送事業者・有線放送事業者の権利

　放送事業者・有線放送事業者には，複製権，再放送権・有線放送権（有線放送事業者については，放送権・再有線放送権），送信可能化権，テレビ放送の公の伝達権（大型スクリーンでテレビ放送を無断で公衆に見せることは不可）が認められています。

4-3　契約書

権利の譲渡

　著作権や著作隣接権のうち，財産権については，契約によって譲渡することが可能

です。通常の著作権の利用については，権利者または管理団体から個別に許諾を受けることになります。権利自体の譲渡とは，区別してください。

　著作者人格権や実演家人格権は，一身専属権なので，譲渡ができません。したがって，財産権の譲渡と併せて，例えば，「改変を行う場合は，あらかじめ著作者に内容確認の機会を与える」「著作者人格権の行使をしない」旨の特約をすることで，実務の円滑化が図られています。

　なお，すべての著作権を譲渡する場合は，「すべての著作権（「著作権法」第27条および第28条の権利を含む）を譲渡する」と契約書に明記しておくことが必要です。第27条は，翻訳権・翻案権等，第28条は，二次的著作物の利用に関する原著作者の権利を規定しています。これらの権利が契約で特掲されていない場合は，著作者に留保されたものと推定されてしまいますので，注意が必要です（第61条第2項）。

簡単な契約書

　文化庁の著作権契約書作成支援システムには，著作物のさまざまな利用に関する契約書のひな形が示されており，必要事項を入力するだけで，簡単な契約書の作成ができます。プロフェッショナルが当事者となるようなケースは想定していませんが，デジタルアーカイブの実務を行ううえで，一般の方々に権利の譲渡を含む協力を願うようなケースには，十分活用できる有力なツールです。

　また，大学連携 e-learning 教育支援センター四国では，オンライン教育で利用する著作物の利用許諾申請に関するサンプルが提供されています。この中でも，文化庁の支援システムが応用されています。詳しくは，「オンライン授業のための著作権ハンドブック」を参照してください。

著作権契約書作成
支援システム

オンライン授業のための著作権ハンドブック

肖像権の取り扱い

　肖像権とは，みだりに自分の肖像や全身の姿を撮影されたり，撮影された写真をみだりに公開されたりしない権利であると解釈されています。実定法がないので，裁判例を参考に権利処理を行う必要があります。

　最高裁判決（平成17年11月10日）では，違法となるのは，撮影によってその人の人格的利益の侵害が，社会生活上の受忍限度を超える場合であるとしています。また，撮影が違法であれば，その写真を公表することも違法とされました。なお，違法性の判断基準は，①被撮影者の社会的地位，②被撮影者の活動内容，③撮影の場所，④撮影の目的，⑤撮影の態様，⑥撮影の必要性の総合考慮によるとしています。

　写真の肖像権に関して公開判断をする際の指針として，デジタルアーカイブ学会が作成した「肖像権ガイドライン」が参考になります。デジタルアーカイブの実務に当たっては，こうしたガイドラインを参照しつつ，自主的な基準の作成を行うことが求められます。

肖像権ガイドライン
（2021年4月）

4-4　利用規約

　デジタルアーカイブの利用規約の作成においても，著作権等の権利処理を念頭に置く必要があります。利用規約の作成に際してポイントとなると思われるのは，著作権等の所在，商用利用の可否および条件，二次的著作物を創作・利用する際の条件，改変の取り扱いなどです。

　内閣官房IT総合戦略室では，各府省が作成しているウェブサイトのコンテンツの二次利用を促進する観点から，原則的に，出典の記載（CC BY）により二次利用を可能とする政府標準利用規約（第2.0版）を定めています。

　また，フリー素材集として人気があるいらすとやの「利用について」や「よくあるご質問」に示されている考え方は，利用規約を作成する際の参考になります。

「政府標準利用規約（第2.0版）」の解説

いらすとや
ご利用について

4-5　運用段階

契約書とデジタルアーキビストの役割

　契約書はデジタルアーカイブ構築を進める計画段階から利用し，見直し各段階ごとに権利処理のすべての知識を集約して作成する必要があります。その中心的な役割はデジタルアーキビストが果たすべきでしょう。さまざまな資格において契約書や重要事項説明には有資格者は，読み上げることなどの役割を果たしています。デジタルアーキビストは，その役割を担うことが期待されています。

　また，契約書を弁護士や弁理士にアウトソーシングするときにも権利処理の方針を説明する役割も期待されることといえます。

安全保護措置及び侵害への対抗措置

　著作権，著作隣接権の侵害は，犯罪行為であり，原則として，権利者が告訴することによって，10年以下の懲役又は1,000万以下の罰金（併科も可）という罰則が科されます。著作者人格権・実演家人格権の侵害，暗号型の保護技術を解除するプログラム等の頒布などに関しても，罰則規定があります。

　また，直接的な侵害ではない行為についても，安全保護措置として，例えば，海賊版の輸入，リーチサイト等による侵害コンテンツへのリンクの提供，アクセスコントロールを回避するための不正なシリアルコードの譲渡・製造などを，侵害とみなすとしています。

　民事の対抗措置としては，損害賠償請求，差止請求，不当利得返還請求，名誉回復等の措置の請求が可能です。

4-6 慣習

　デジタルアーカイブ構築には，著作権・肖像権・個人情報などの権利のほかに，慣習という問題についても適切に対応する必要があります。例えば祭りには，その地域が大切にしている行事の習わしや祭りの場を聖地としてむやみに立ち入ることを禁じていることがあります。人々が大切にしていることを丁寧に扱うことも必要です。

　祭りにおいて神の領域に立ち入り，撮影を繰り返し，混乱を招き，その後外部の撮影が難しくなった事例もあります。

　デジタルアーキビストは，法律だけでなく撮影対象が何を大切にしてきているのかを事前に調査することが重要であるという認識をもつべきでしょう。

（坂井　知志，吉川　晃）

5章　デジタル化

5-1　デジタル化の計画

5-1-1　資料のデジタル化手法の決定

　デジタルアーカイブの対象となる資料はさまざまで，それぞれの特性や目的に適したデジタル化手法を決定する必要があります。デジタル化には，おもにデジタルカメラ（静止画・動画），スキャナーを使用します。デジタルアーカイブ構築については，総務省「デジタルアーカイブの構築・連携のためのガイドライン」や国立国会図書館「国立国会図書館資料デジタル化の手引き」に詳しく記載されています。

（1）デジタルカメラ

　静止画では提示や印刷するときに支障のないよう，より大きい画像サイズで撮影します。ファイルサイズは大きくなりますが，低圧縮のファインモードが望ましいです。また JPEG と同時に RAW を生成すると，容量が大きく専用ソフトでの現像処理が必要ですが，現像時に露出補正やホワイトバランスなどを編集することができます。また動画では，高画質で記録するために 4K や 8K 映像が撮影できるビデオカメラを使用します。

デジタルアーカイブの構築・連携のためのガイドライン（2012年3月）

国立国会図書館資料デジタル化の手引き

（2）スキャナー

　スキャナーは，高い精度での印刷が可能な 300 ～ 400dpi に設定します。資料が文書の場合は Optical Character Recognition/Reader: OCR（光学文字認識）を用いて，コンピュータ上で活用できるテキストデータに変換します。

5-1-2　ファイルフォーマットの検討

（1）画像データ

　デジタルカメラの画像データの多くは JPEG ですが，画像加工に長けている一方で保存すると画質の劣化が起こります。JPEG より高画質・高圧縮の JPEG2000 が推奨されています。また RAW データのまま保管するケースもあります。スキャナーの場合は非圧縮の TIFF を採用します。ただしいずれも長期保存を考えた場合，それらのファイルを開くことができるソフトウェアが無くなっている可能性があります。次世代のファイルフォーマットが開発されたら，その都度変換するなどの対応が必要です。

（2）文書データ

　文書データの長期保存には PDF/A が用いられています。一般的に使用される

PDF はフォントの埋め込みやアウトライン化などができますが，PDF/A は暗号化や圧縮などの禁止項目が多い分，システム環境の変化に関係なく表示できるようになっています。しかしオープンデータ等，活用目的で公開する場合は PDF では不向きなため，標準フォーマットの MS Word や Excel などのコンピュータで処理可能なファイルフォーマットの検討も必要です。

5-1-3　事前調査

　デジタルアーカイブの対象は，文化財，伝統的な行事・技術をはじめとして，古文書，遺跡，絵画，自然等，非常に多岐にわたります。したがって資料収集にあたっては，それぞれの対象について詳細な事前調査が必要です。

（1）対象の明確化・所在

　資料についての詳細や歴史的背景を調査し，取材や撮影の対象を明確にします。また，資料の所在（取材・撮影場所）を明確にし，その周辺の状況や環境についても調査します。

（2）管理者・関係者，関係施設

　資料の管理者を明確にし，撮影許可を申請する相手や機関を明確にし，可能な限り事前に連絡し，必要な書類を準備しておきます。関連施設や対象者が複数になることも予想されるので，考えられる範囲をすべて調査します。

5-1-4　撮影計画と機材の準備

　事前調査に基づいて，撮影対象や撮影方法を検討し，撮影計画を立てます。計画を立てることで，撮影漏れや，撮影方法の偏り等を防ぐことができます。

（1）撮影計画

　資料をどのような形式でデジタルデータ化するのか，例えば静止画のみでよいのか，動画や音声も同時に記録するのか，どのような角度から撮影するのか（全体像，特定の部位等）等について検討します。また文化財等，資料によっては適切な撮影時期や時刻等も考慮する必要があります。撮影時刻，撮影対象，記録方法等を計画表にまとめるとよいでしょう。文化財の撮影計画の一例を図表5-1に示します。縦軸に撮影・記録項目をとり，横軸に各撮影項目についてどのような撮影・記録方法を採用するのか，さらに各項目で留意すべき事項を一覧にします。

（2）必要な機材等の選択・準備

　記録撮影の計画に合わせて必要な機材を選択し，準備します。カメラの種類，使用する予定のレンズ（望遠，接写，魚眼等），ビデオカメラ，カメラアクセサリ，マイク，カラーチェッカーやグレーカード，三脚・一脚，照明等を用意します。また野外で撮影する場合は，十分なバッテリー，方位磁針等関連機器，緊急用雨具等を用意します。

図表 5-1　撮影計画表の一例

項目：長良川鵜飼　　　撮影日：xxxx/xx/xx　　　撮影者：○○○○

撮影時間	撮影項目	撮影対象（内容）	撮影方法（機材）	注意点
16：00	準備の様子	鵜飼育小屋	カメラ　ビデオ	
		道具	カメラ	
		装束	カメラ　ビデオ	着付け方法も撮影
		準備の手順	カメラ　ビデオ	
18：00	鵜飼	出発	ビデオ	鵜舟に乗るカメラと対岸に行くカメラが必要
		鵜舟	ビデオ	
		鵜の動き	ビデオ	
		対岸からの全景		総がらみ※を撮影する
		：	：	：
：	：	：	：	：

※鵜舟が川幅いっぱいに横一列になり，一斉に鮎を浅瀬に追い込むこと

5-2　デジタル化の方法

5-2-1　撮影記録の基礎

　資料には，紙に書かれた文書，図，絵，巻物や，踊り，舞，祭りなどの文化活動，建築物，生活，自然環境，口述など多くの種類があります。これらの資料は，昔から紙や写真を使って保存されてきましたが，現在はデジタル化が一般化し，映像（静止画，動画），音声，デジタルデータ等で保存され，活用されるようになりました。

　資料のデジタル化には，記録対象やその利用目的に応じて記録の方法を考慮する必要があります。

（1）映像の記録

　映像は，大きく静止画と動画に分類できます。記録の対象によって静止画だけで十分な場合と，動画とを併用する場合もあります。例えば，建物や壁画，古文書等は多くの場合静止画のみで記録が行われます。一方，伝統行事や踊り，演武等は静止画での記録も重要ですが，人物の動作・所作や時間的な流れの記録も重要です。そのような場合には，動画での記録も併用しなければなりません。

（2）音・音声の記録

　伝統行事や芸能，演武等では，出演者が言葉，音楽，掛け声等を発する場面が多く見られます。また，自然の記録では鳥や虫の声，川の流れの音，雷鳴等も記録の対象となります。このような場合には音・音声の記録も行われなければなりません。

（3）環境データの記録

　自然の中で見られる現象や伝統技術等は，気温・湿度等の気候条件に左右されるこ

ともあります。そのような対象を記録する場合には，気温，湿度，明るさ等，周囲の環境のデータも記録しておくことが求められます。

　また記録対象の存在場所，位置も重要なデータです。最近では位置情報の記録にはGPS装置が用いられます。GPS装置で得られた位置情報を用いることで，資料の地球上での位置を一意的に表すことができ，空間的にも汎用性が高い情報であるといえます。

　このように記録対象や利用目的に合わせて収集すべき情報を検討し，それに必要な記録方法を準備することが求められます。

5-2-2　具体的な記録の方法

　記録のための撮影方法を説明します。またその概略や記録した画像の一例を図表5-2に示します。

（1）ポートレート（人物）

　照明や撮影する方向を工夫し，人物の人柄を記録できるように撮影します。

（2）接写撮影（スキャナーを含む）

　全体像を撮影したり，一部を拡大して撮影したりと，資料を平面的に記録します。高解像度で撮影することで，資料の細部を見ることができます。またスキャナーでは，手書きや印刷された文字資料を画像として取り込むOCR技術により，文字コードに変換して活用することができます。

（3）長尺物の撮影

　分割して撮影し，画像処理にて一連の画像データとして処理します。分割することで，詳細を記録できます。

（4）回転台を使った撮影

　被写体を回転台状に配置し，一定の角度で回転して撮影することで，さまざまな方向から記録することができます。

（5）ライティング

　照明の位置や角度，強さを調節して，ハイライトや影を軽減させて記録します。

（6）天井カメラを使った撮影

　天井などの上部にカメラを下向きで設置し，下で作業をする人の手元を撮影するなど，大きな資料を撮影するのに用います。

（7）多方向同時撮影

　あらゆる方向から撮影することで，カメラから撮影できない部分が生じないため，情報が抜け落ちることなく記録ができます。

（8）魚眼レンズによる360度撮影

　広範囲を撮影できる魚眼レンズを用いて，カメラを中心とした周辺の360度を記録します。360度パノラマ映像は上下，左右，拡大縮小と任意の場所を見ることができ，まるでその場所にいるかのように状況を提示します。

図表 5 - 2　記録のための撮影方法

(1) ポートレート

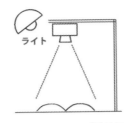

(2) 接写撮影

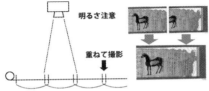

(3) 長尺物の撮影

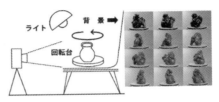

(4) 回転台を使った撮影

(5) ライティング

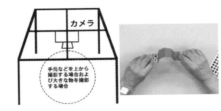

(6) 天井カメラを使った撮影

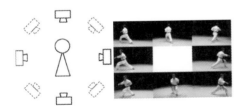

(7) 多方向同時撮影

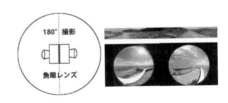

(8) 魚眼レンズによる 360 度撮影

(9) ドローンで撮影した画像

（9）ドローン（マルチコプター）による航空撮影記録

　ドローン（小型無人飛行機の一種）を使い，搭載されたデジタルカメラにより，地形や建造物の位置関係などを空撮し記録できます。ドローンは飛行情報を記録保存できるものもあり，撮影時の状況も同時に記録することができます。また GPS 等の飛行情報を用いることで，撮影画像から 3D データを作成することも可能となりました。

　「航空法」により，空港周辺，150m 以上の上空，人家の集中地域でのドローンの飛行，夜間飛行，目視範囲外での飛行，距離の確保，催し場所での飛行，などは原則禁止されており，飛行させたい場合は国土交通省への手続きを経て許可を受ける必要があります。

（10）音・音声の記録

　映像と並んで，音や音声の記録も重要です。踊り，舞，祭りなどの文化活動では，唄や楽器演奏，観衆のざわめきなどさまざまな音源が考えられます。自然環境や口述などでは，話者や小鳥のさえずりなどの音声を集中的に録音する必要があり，指向性の強いマイクを選択する必要があります。また多数のマイクを使用して音声ミキサーで合成音を録音することも考えられます。音や音声は重要なデータであるため，録音方法やマイクの選択，記録密度の設定などが重要になります。さらには録音した音を再生し，聞きやすい音質・音の大きさ・明瞭度等について留意する必要があります。

（林 知世，櫟 彩見）

5-3　目録の作成

5-3-1　「目録」と「メタデータ」

　目録とは資料自体の資料名や作成者，作成年，数量，大きさなどの情報です。特定機関が所蔵する資料の場合は資料番号などその機関の管理に関する所蔵情報も含まれます。一方，メタデータとは「対象となるデータに関するデータ」のことです。例えば，資料をデジタル撮影して生成された画像データについての資料名や撮影日，撮影場所，撮影に使用した機材，データ形式，データ容量などの情報です。

　デジタルアーカイブでは，「目録」と「メタデータ」とはほぼ同じ意味で使われることもあります。この節では「目録」に統一して説明します。

5-3-2　目録を作る目的

　もし目録がなく画像データだけが公開されていたらどうでしょう。画像データだけの中から求める資料にたどりつくことは難しいですね。また，気になる画像データがあったとしても，その資料に関する情報がまったくなければ何の画像なのかわかりません。

例えば特定の年代の絵図を探しているときに目録に資料のタイトルしかなければ資料を特定することはできませんし，二次利用したい画像データを見つけたけれど利用条件に関する情報がなければ使ってよいのかわからないということになります。

目録は，デジタルアーカイブの利用者（閲覧者），管理者のそれぞれにとって必要な資料を効率よく探し出すための情報となります。その情報には，資料を探し出すために役立つ情報，資料の管理や整理に必要な情報，資料の提供のために必要な情報などが含まれます。目録があることはもちろんですが，さらには目録の情報が充実していることが目指す資料を探し当てることにつながります。

5-3-3　デジタルアーカイブのための目録の構築にあたって

まずアーカイブの全体像と階層構造を把握します。階層構造はデジタルアーカイブのサイトの構築にも影響しますので，事前に把握，検討する必要があります。

次に，目的と機能に沿って目録の項目を検討します。デジタルアーカイブをインターネット上で公開する場合，目録も公開することになります。利用者が不特定多数であることを考慮し，インターネット検索を意識した項目や機能を設定します。（既存の検索閲覧システムを利用する場合はそこに目録を当てはめることになります。）また，可能であれば，検索対象になりやすいようにキーワードの追加や解説文の充実なども検討します。

図表5-3　資料群（資料のかたまり）と資料の階層構造の例

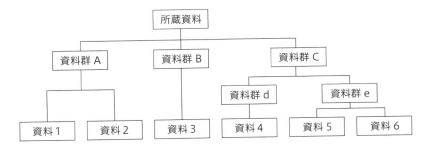

5-3-4　目録の情報の種類と項目

図表5-4は目録の一般的な項目です。デジタルアーカイブの対象資料は多種多様なため，これらの項目以外にも資料の種類や特性に応じて目録に必要な情報は変わってきます。

なお，不正確，曖昧な情報は載せるべきではありません。情報の正確さや確実性を高めるために，必要に応じて専門家などの協力を仰いでもよいでしょう。

図表 5-4 目録項目の例

種類		No	項目	説明
原資料の情報	タイトル	1	資料名・タイトル[*1][*2]	その資料のタイトル
	資料の種類	2	資料の種類	資料の種類，カテゴリ。古文書，図書，写真など
	作成者，関係者	3	作成者[*2]	資料・作品などを作成した個人や団体名。著者，作画者，撮影者，手紙差出人など。「著」「撮影」など役割の語も付けるとよい
		4	製作者・出版者[*2]	媒体として製作した個人や団体名（資料の内容の作成者と異なる）
		5	宛先[*2]	古文書類や書簡，書類などの宛名，宛先
	作成日	6	作成日，作成年代	資料の作成日や作成年代。システム的には西暦も重要
	物理的特徴	7	形状	形状。冊子，折りたたみ，ネガフィルムなど
		8	数量	資料の数量。○p，○枚，○点など
		9	大きさ	縦，横，高さ，直径など
		10	材質	資料の主な素材（紙であることが明らかな場合は省略）
		11	欠損，保存状況	欠損があるなど，保存状態を記録
		12	収録時間	映像や音声資料の場合。「○分」など
	資料の所属	13	資料群	アーカイブ全体の中でその資料が属する資料群
	内容的特徴	14	主題・キーワード[*2]	その資料の内容のテーマや関係のあるキーワード
		15	資料説明	資料の解説や解題，由来など
		16	言語	文字や音声の言語。言語コードでも可
	その他	17	注記	上記の項目以外に必要な注意書き
		18	文化財情報	文化財の場合の指定の種類や指定年月日など
管理・整理のための情報		19	資料ID[*1]	資料の固有番号
		20	管理記号	資料の管理用の記号や番号
		21	デジタル化データのファイル名など[*1]	画像データ，映像データなどのファイル名など。目録データとの紐づけに必須
		22	所蔵機関の名称	所蔵機関の正式名称
		23	資料の所在	資料現物の所在
		24	目録作成日	目録作成日
		25	目録更新日	目録更新日。情報の最新確定日
権利情報		26	権利関係	著作権情報や公開制限，デジタル化データの利用条件など

[*1]：必須項目　　[*2]：読みもあるとなおよい

【参考】Dublin Core（ダブリン・コア）

　メタデータの国際標準で，インターネット上の情報資源の発見を目的として開発されたメタデータ記述要素（項目）です。これらの要素を踏まえて目録を作成しておくと，外部とのデータのやりとりがスムーズになります。

図表 5-5　Dublin Core の要素　　　（該当項目……前出の目録項目一覧に該当する項目の番号）

要素	該当項目		要素	該当項目
Title（タイトル）	1		Format（記録形式）	7,8,9,12
Creator（作成者）	3		Identifier（資源識別子）	19
Subject（キーワード）	14		Source（出処）	(17)
Description（内容記述）	15		Language（言語）	16
Publisher（出版者，製作者）	4		Relation（関係）	(17)
Contributor（寄与者）	（アーカイブ公開機関など）		Coverage（時空間範囲）	(14)
Date（日付）	6		Rights（権利管理）	26
Type（資源タイプ）	2			

図表 5-6　写真の目録の例

項目	目録内容
タイトル	白川郷全景
読み	シラカワゴウゼンケイ
数量	1
主題	白川郷，合掌造り家屋，和田家，秋
読み	シラカワゴウ，ガッショウズクリカオク，ワダケ，アキ
関連する場所	岐阜県 白川村
読み	ギフケン シラカワムラ
解題・説明	白川村荻町城跡展望台から望む白川郷の様子
所蔵機関	岐阜女子大学
資料種別	写真
権利関係・利用条件	CC BY 4.0

5-3-5　検索語：自然語と統制語

　検索時に使われる言葉には自然語と統制語があります。自然語は思いつくままの言葉，フリーワードのことで非統制語とも言います。一方の統制語はあらかじめ決められた言葉のことです。シソーラスや図書館の目録で利用される件名なども統制語にあたります。

　よく見られる検索画面として，キーワード入力欄にフリーワード（＝自然語）を入力する方式があります。フリーワードによる検索は新しい言葉や概念にすぐに対応できる反面，資料によって同じ事柄や人物を指す言葉でも表現や表記がさまざまなため，検索語と一致する言葉が目録に含まれていなければ探し当てることができないという弱点があります。

　統制語の場合は，同じ事柄や人物などに対してキーワードを設定し該当の目録に付与することで，特定の事柄などに関連するすべての目録を一度に探すことができます。

主題・キーワード（人物名や地名，時代なども含む）や資料種別などに統制語を使用することで検索の精度を上げることができます。ただし，対象となる資料の種類や資料群の構成などさまざまな要素を考慮し体系化することになるため，統制語の初期構築および維持には労力やコストがかかります。

5-3-6　シソーラス

　シソーラスはある言葉について意味の観点から関連する言葉どうしを分類，体系化したものです。類義語や関連語，また上位・下位，広義・狭義の関係にある言葉などが紐づけられ，検索のための索引としても利用されます。紐づく言葉にはそれぞれBroader Term: BT（広義語），Narrower Term: NT（狭義語），Related Term: RT（関連語）などの記号を付与することで，見出しとなる言葉との関係性を示します。

シソーラスの例

```
見出し語：家族制度
　BT：制度
　NT：家制度，直系家族制，夫婦家族制，複合家族制
　RT：家，家族，家族関係，家族政策，家族法，家族問題，家父長制，結婚，結婚形態，
　　　結婚制度，戸籍，戸籍法，親族，姓
```

出典：国立女性情報会館「女性情報シソーラス」

5-3-7　目録作成の仕様

　目録作成にあたっては，事前に目録規則と入力に関する仕様の準備が必要です。例えばタイトルは資料のどの箇所から採用するかとか，作成日は「〇年〇月」の形に揃える，大きさの単位は「cm」にするといった形式の統一など，項目別に細かく決めておきます。このような仕様に沿って目録を作成することで入力者による入力内容の違いや揺れを防ぎ，目録の質を均一化することができます。

　なお，目録をまとめて作成して後でシステムに一括で取り込む場合は，目録を表形式で作成しておくと取込みの処理が容易になります。このとき，列は項目，行は目録1件分の構成にします。

5-3-8　目録の作成に必要な日数

　初期入力後，可能であれば別な人の目で見直しをすることが望ましいです。その場合，入力に加えて見直しとデータ修正のための時間も必要になります。原資料や画像データなどを見ながら1件ずつ作成や見直しをすることになるため，相当の時間がかかります。実際の1件あたりの平均所要時間を計測し全体件数にかかる時間を算出するとよいでしょう。なお，資料の出し入れや移動などにかかる時間も考慮します。

（横山　明子）

5-4　デジタルアーカイブのための写真データ

5-4-1　写真データ収集における撮影計画

　デジタルアーカイブの写真データを収集するためには撮影計画を立案する必要があります。撮影計画は撮影対象が何であるのかによって異なってきます。撮影対象はおもに以下の3つになります。

(1) フィールド調査や・踏査による文化財建造物・遺跡・無形文化財・文化的景観

(2) 博物館収蔵資料調査による美術工芸品・歴史史料

(3) 発掘調査などの研究調査のよる埋蔵文化財（出土遺物）

　これらの撮影対象ごとに撮影環境は異なりますので確認が必要です。(1)の場合は，まず撮影に特別な許可が必要なものはないか確認する必要があります。歴史的建造物や景観の場合，著作権の問題が発生することがないかも重要です。市街地なのか，野外なのか，車でアクセスできるのか，徒歩でしかアクセスできないのかによって，機材の選定が変わってきます。(2)の場合は，撮影許可を取る際にどのような場所で撮影することになるのかを確認する必要があります。展示室，収蔵庫，資料室といった場所の違いによって使用できる機材が異なります。また補助光源を必要とすることが多いため，電源を借りることが可能であるかどうかも重要になってきます。(3)の場合は，撮影のために占有できる場所と時間の確認が必要です。また撮影しなければならない遺物の全体量と作業できる時間はどれくらいかを確認して，1つの遺物の撮影枚数なども検討しておく必要があります。

　そして，これらの撮影対象や環境を確認したうえで，必要となる機材を選定します。どの撮影対象にも共通するのは，撮影カメラの選定とメモリーカードの容量と撮影可能枚数の確認です。撮影可能枚数はJPEGのみかRAWデータも記録するかによって大きく異なりますので，データの質についても検討をしておく必要があります。レンズの選択は撮影対象によって異なります。(1)の場合は広角から望遠までさまざまに対応できるズームレンズを選択する場合が多いですが，(2)および(3)の場合はマクロレンズを含めていくつかの単焦点のレンズを撮影対象の大きさに合わせて用意する必要があります。その他の機材としては(1)の場合はGPS情報を取得するためのロガーや一脚，(2)および(3)の場合は三脚，補助光源，レリーズ，スケール，カラーチャート，無反射ガラスなどを準備することになります。

5-4-2　写真撮影に関する留意点

　デジタルアーカイブの作成を目的とした写真に求められるものは，芸術的なものではなく，記録のための「文化財写真」と呼ばれるものであることが一般的です。「文

化財写真」の撮影方法については文化財写真技術研究会によってまとめられた「文化財写真の保存に関するガイドライン〜デジタル画像保存の実情と課題〜」が必読です。詳細についてはこれで確認していただくことにして，ここでは必要最低限の留意点のみを記します。

「文化財写真」には一枚の写真に可能な限り多くの明確な情報を記録することが求められるため，歪みが少なく，全体のピントが明瞭でボケ味の少ない写真を撮影することが重要です。写真の歪みは「歪曲」と呼ばれ，焦点距離の短い広角レンズでは写真の両脇が膨らんで樽型に歪み，逆に焦点距離の長い望遠レンズでは写真の両脇が内側に凹んで糸巻き型に歪みます。レンズにも依るところはありますが，樽型の歪曲は焦点距離が 35mm を超えたあたりから少なくなり始め，逆に 75mm を超えたあたりから糸巻き型の歪曲が出始めます。したがって，焦点距離が 40mm から 70mm くらいのレンズを選択することが歪みのない写真を撮るためには重要です。

次にボケ味の少ないピントが明瞭な写真を撮影するためには，「被写界深度」を理解しておく必要があります。厳密に言えば，ピントは画像の中で一点にしか合っていません。その一点から距離が離れるほどピントがあまくなっていきます。その度合いを調整するのが「絞り」です。シャッターの「絞り」を絞る（絞り値＝F 値を大きくする）と深度が深くなってピントが合っているように見える範囲が広くなり，逆に「絞り」を開く（F 値を小さくする）と深度が浅くなってピントが合っているように見える範囲が狭くなります。この深度が「被写界深度」で，「文化財写真」は F 値を 11 以上に絞って撮影することが重要です。ただし「絞り」を絞るほど光を取り込む量が少なくなるために画像が暗くなりますのでシャッタースピードを調整したり，補助光を使用したりする必要がでてきます。

ボーンデジタルの時代となり，写真データは Photoshop などで容易にピントや色調を調整することが可能になりました。ただし露出がオーバーして白くなってしまった部分はそこから色を戻すことは困難ですので，明るめよりは暗めに撮影した方があとで調整できる幅が広がります。

5-4-3　写真データへのメタデータの記録

デジタルアーカイブの作成を目的とした写真データは，撮影者以外にもそのデータがいつ，誰によって，どこで，何が，撮影されたのかが判別できるように，写真データそのものにメタデータを記録しておくことが重要です。写真データはプロパティを表示し，詳細のタグを開くと，撮影日時，カメラのモデル，シャッタースピードや絞り値，焦点距離などの撮影データが記録されています。このように「いつ」と「撮影設定」のデータはほぼ自動的に記録されています。次に「誰が」というデータですが，カメラ本体の撮影設定の中に，「撮影者名入力，著作権者名入力」という機能があります。これを設定しておけば，「誰が」というデータも自動的に記録されていきます。

次に「どこで」ですが，GPS 情報があれば地図アプリで撮影場所を視覚的に確認することが可能になるので，デジタルアーカイブを作成するうえでは必須のデータです。GPS 機能が内蔵されているカメラであれば，ロガーを起動させれば自動的に記録されていきますが，この機能が内蔵されているカメラは減ってきており，現行ではオリンパスの TG-6 とリコーの WG-7 のほぼ二択になってしまっています。カメラに直接搭載できる GPS ロガーはニコンのものが生産終了となってしまったため，キヤノンの GP-E2 一択となってしまいました。その代わりに Bluetooth 機能が搭載されたカメラであれば，スマートフォンと連動させて GPS 情報を記録させることができるものが増えてきましたが，精度については GPS ロガーよりはよくない状況です。最後に「何が」ですが，これは自動的に記録していくことは難しいです。スマートフォンでの撮影であれば GPS 情報と連動させて撮影対象が何であるのかを記録させる機能があったりしますが，カメラ自体にその機能があるものはないので，プロパティの詳細のコメント欄や写真データのファイル名に記録していくことが一番現実的です。

（江添 誠）

6章　公開・利活用

6−1　画像処理

　この章はデジタル化した資料データの公開・利活用がテーマとなります。「6−1画像処理」では，画像データ（2D）を公開・利活用する際に，どのような配慮が必要で，どのような処理をすればよいかについて考えていきます。

　「デジタル化によって得た高品質な画像データをそのまま公開すればよいのでは？」という疑問が出てくるかもしれませんが，必ずしもうまくいくとは限りません。

　高品質なデータは情報量の多さから，表示やダウンロードに時間がかかる，扱うために必要なマシンのスペックが高くなる，ウェブ公開に適していない場合があるなど，公開者・利用者双方にとって使いづらいものになる可能性があります。

　そこで，この節では公開用に加工・調整されていない高品質な画像データのことを便宜上「保存用画像」と呼称して，それを加工して使いやすい「公開用画像」を作成する手順について考えます。

6−1−1　公開・利活用する画像に求められること

　まずは画像を公開・利活用する際に，どのようなことが求められるか確認します。「画像の精度」「データ容量」「画像形式」「閲覧性」という4つの要素に注目します。

画像の精度

　もっともわかりやすい基準は画像の精度，言い換えれば，どれくらい画像内の情報が鮮明に読み取れるかという点です。一つの目安として，画像の精密さを示す画像解像度（dpi）の値がどれくらいであれば公開用画像として適しているか考えてみます。

　公開用画像でどれくらいの画像解像度が必要になるかは，活用の目的や資料の内容によって変わってきます。原寸大で印刷することを視野に入れるのであれば300 〜 400dpi程度，ウェブサイト上で閲覧するためであれば72 〜 96dpi程度の画像解像度があれば十分とされています。あまり大きすぎる数値を設定すると，人の目ではほとんど違いを認識できないのにデータ量は増大していく状態になり，オーバースペックな画像になってしまいます。

　ただし，この数値はあくまで目安にすぎません。小さい文字が含まれている活字資料を拡大して閲覧する場合や，元サイズ以上に引き延ばして印刷する用途を想定している場合は，先ほど挙げた数値では不十分になる可能性もあります。サンプルとなる

画像データを作成して，実際の公開・活用環境でどのように見えるか，活用に支障がないかを確認しておくとより確実です。

データ容量

　画像データの容量がどれくらいあるかというのも重要な要素です。データ容量が大きい画像はそれだけ保存コストがかかり公開する側にとっての負担になるほか，表示やダウンロードに時間がかかり通信量を多く消費するなど，利用者の使い勝手にも大きく影響します。画像データをウェブサイトで公開する場合などは，十分な画像品質を確保しながらできるだけ容量を削減していくことが理想です。

　データ容量は元画像の大きさ・デジタル化時の解像度設定・色の設定・画像のファイルフォーマットなどさまざまな要素で変動します。例えば，プレビュー用のサムネイルのように拡大を前提とせず表示するだけの場合は画像サイズを小さくする，色情報が重要ではない活字資料の画像は白黒やグレースケールに変換して保管するなど，用途に応じて加工することで，データ容量を抑えることが可能になります。

画像形式

　画像データには TIFF や JPEG などさまざまな形式が存在します。元が同じ資料でも，どの形式のファイルとして保存・運用するかによってさまざまな違いが出てきます。例えば，表現できる色の数が異なる，データ容量を圧縮できる具合が異なるといった違いがあります。また，データの形式によってはウェブサイトでの表示がうまくできないものもあるため注意が必要です。

　公開用画像としては，ウェブサイトでの表示に対応していて比較的軽量に扱える画像形式が適しています。また，画面での閲覧だけでなく，利用者にダウンロードして使ってもらうことを考慮する場合は，特定のソフトウェアでしか扱えないような形式ではなく，汎用性の高い形式で公開することが求められます。上記の特徴をすべて兼ね備えた JPEG・PNG のような画像形式は公開用画像に適しているといえます。

閲覧性

　公開目的に応じて画像自体を見やすくするために加工をするケースもあります。例えば，デジタル化の際に生じた不要な余白をトリミングしたり，画像の明るさを調整したりすることで，デジタル化したままの画像よりも見やすく使いやすい画像を得ることができます。一方で，こうした加工を重ねていくと資料のありのままの姿からかけ離れていく場合がありますので，どんな要素を大切にするかを考えながら実用性と真正性のバランスをうまく取っていくことが重要になります。

6-1-2 画像処理の方法

画像加工ソフトウェアの選択

　まずは，どのようなソフトウェアを用いて画像処理を行うかを選択します。

　簡単な加工であれば，PC に標準搭載されているソフトウェア（Windows であればペイントソフト）でもある程度の作業が可能です。ただし，本格的な加工を行う場合はより画像加工に適したソフトウェアを使用することが推奨されます。

　画像の加工処理に使うソフトウェアにはさまざまな種類がありますが，手軽に基本的な画像加工を体験してみたいという場合は GIMP というソフトウェアが無料でダウンロードできます。元から多機能で有用なうえに，プラグインをインストールして機能の拡張・カスタマイズを図ることもできます。有料のソフトウェアでは Adobe 社の Photoshop が広く使われています。利用者が多いソフトウェアには関連する出版物や解説サイトが多く，ユーザー間のコミュニティ形成が盛んであるため，困りごとがあった際に問題解決の手がかりがつかみやすいという利点があります。

GIMP（ギンプ）公式サイト：GIMP-GNU Image Manipulation Program

画像加工作業

　前述のとおり，高品質な画像を公開用画像に加工する場合，基本的には用途に応じた品質を維持しながら画像サイズ等を最適化していくことになります。具体的には画像サイズを縮小・削減する，色設定を変える（画像の情報量を減らす），画像を圧縮するといった加工を行うことになります。

　画像サイズを縮小するにはソフトウェアで画像を読み込み，大きさや画像解像度といった数値の設定を小さくすることになります。この際，縦横比を保持するように設定しておかないと画像の見た目がつぶれてしまうので要注意です。縮小後の画像データが目的に対して十分な品質を保っているか，特に，活字資料の場合は文字が読めるかといった点が重要になります。また，前述したトリミングを行うことでも，削除した分の情報が画像から失われるので，データ容量を減らすことができます。

　別の方法として，画像の色設定を変えることでも画像データの容量を削減できます。画像データは画素と呼ばれる色情報をもつ要素から構成されていて，画素 1 つあたりの情報量は画像の色設定によって変わります。例えば，画像の色設定を 24 ビットカラーから 8 ビットグレースケールに変更することでデータ容量を 3 分の 1 程度に削減することができます。色情報が不要な活字資料等のデータ容量削減に活用できます。

　また，画像を保存する際に圧縮という処理を行うことでデータ容量を削減することができます。圧縮にはいくつか方法があり，画像データの形式によって対応する圧縮方法が変わっています。例えば，JPEG 形式では画像内の情報を部分的に捨てることで容量を削減していて，この方法で削減されたデータは元に戻すことができないため不可逆圧縮と呼ばれます。画像加工ソフトウェアを使うと画像を保存する形式やどの

くらいの倍率で圧縮するか調節できるため，データ容量をコントロールできます。

　データの軽量化以外にも，閲覧性を向上させるためにさまざまな加工が行われます。例えば，デジタル化の際に傾きや歪みが出てしまった場合は，画像を変形して見た目を調整することができます。また，画像が全体的に暗い，文字が掠れているなどの理由で画像内の情報を読み取りにくい場合は，明るさやコントラストを調整することで表示を改善できる場合があります。

　なお，加工した後の画像で元データを上書きしてしまうとやり直しができなくなるため，元となるデータはしっかり保存しておき，コピーしたデータを加工します。

6-1-3　応用的な画像処理

　最後に，応用的な画像処理の事例を簡単に紹介します。

画像のタイル化

　ここまでの内容は，1つの画像データをどうやって公開に適したものにするかに注目していましたが，画像をいくつもの小さいタイルに分割して扱うことで処理の低減や性能向上を目指すのが「画像のタイル化」です。ウェブサイト等で画像を公開する際，閲覧用プログラムと組み合わせることで高精細・低容量の両立を実現する手法です。ウェブ上で公開されている電子地図等でもこの手法が使われています。

　この手法では，画像を閲覧する際の縮尺（ズームレベル）に合わせて1枚の画像をばらばらに分割して，利用者が閲覧する縮尺に応じて表示する画像をプログラムで制御します。例えば，画像の全体が映るくらいの縮尺では，そこまで高精細な画像でなくとも問題ないので軽量な画像を表示します。逆に細部まで拡大して表示する際は，分割された高精細な画像を画面に映る分だけ表示して，一度にすべての画像が読み込まれないようにします。こうすることで元が大きな画像データであっても一度に読み込むデータ量を抑えることができ，読み込み速度の向上につながります。

画像の並列・オーバーレイ処理

　タイル化した画像の例のように閲覧用プログラムと組み合わせることで，単純に画像データを公開するだけでは難しかったさまざまな工夫・見せ方が可能になります。そのうちの1つに他の画像との比較があります。

　例えば，1つの画面を複数に分割してそれぞれに違う複数の画像を表示することができます。各画面の動きを連動させれば，複数の画像を比較したり，違う時期の同じ個所の地図を比べたりすることが可能です。

　ほかにも，画像に重ねて他の画像やテキスト等を表示するような工夫も可能です。地図の上に同じ地域，別の時代の地図を重ねてみたり，古文書等の崩し字の上に翻刻テキストを表示したりと，資料の見せ方の幅を広げることができます。

以上のように，画像データを公開用に加工することで，資料の可能性をより多く引き出すことができます。加工方法に絶対的な正解はありませんが，皆さんであれば資料をどのように加工するか，実際の利用場面を想定しながら考えてみてください。

（入江　真希）

6-2　多様な利用者への対応

　デジタルアーカイブに限らず，ウェブサイトには多様な利用者がさまざまなデバイスによりアクセスして利用しています。コロナ禍により，おうちミュージアム等の呼びかけもあり，デジタルアーカイブの教育利用が急増しました。利用対象者は教員のほかに，児童生徒でしたが，児童生徒が直接アクセスをしてくることを想定したつくり（例えば，理解が難しい用語は使用せずわかりやすい日本語になっている，もしくは児童生徒向けメニューが別に用意してある）になっていたのか，タブレットで支障なく動くように設計（レスポンシブデザインを採用）していたのか等の問題点が顕在化しました。この節のキーワードとなる「アクセシビリティ」「インクルーシブデザイン」と聞いて，すぐに何のことか理解できる人はまだまだ少ないことでしょう。日本語であっても，「合理的配慮」などの聞きなれない，わかりにくい言葉，用語も障壁の一つです。デジタルアーカイブは，GIGA スクール構想や，SDGs の目標 4（［教育］すべての人に包摂的かつ公正な質の高い教育を確保し，生涯学習の機会を促進する）にも合致しますので，教育分野での利用がますます進むでしょう。「障壁（社会的バリア）の除去」「環境の整備」を行うことの必要性を理解し，より活用されるデジタルアーカイブが構築されることを願っています。

6-2-1　アクセシビリティ（Accessibility）

　アクセシビリティは，一般的な理解が浸透しているとはいいがたいので確認をしておきます。法令（条約）においては，「障害者の権利に関する条約」第 9 条に，Accessibility とあり，「施設及びサービス等の利用の容易さに対する妨げ及び障壁を特定し，及び撤廃すること」が締約国の義務となっていて，国内法も整備されています。言葉自体は，条約締結よりもはるか以前から，わが国でも使われています。1998 年に旧郵政省が「障害者等電気通信設備アクセシビリティ指針」を告示しました。内容や項目は甚だ少ないものでしたが，現在のアクセシビリティ指針の原点ともいえる告示を行っていました。しかし，指針レベルであったため，実効性は乏しいものでした。その後，2004 年に JIS X 8341-3:2004 が策定され日本工業規格（JIS，現 日本産業規格）に定められ一般に周知されました。アクセシビリティの重要性がクローズアップされたのは，2016 年になってからです。「障害を理由とする差別の解消の推進に関する法

障害者の権利に関する条約条文（和文）

障害者等電気通信設備アクセシビリティ指針（郵政省告示第 515 号 平成10 年 10 月 30 日）

みんなの公共サイト
運用ガイドライン
(2016 年版)

律」（以下，「障害者差別解消法」）が施行され，総務省が「みんなの公共サイト運用ガイドライン（2016 年版）」を公表し，行政機関に「速やかにウェブアクセシビリティ方針を策定・公開し，2017 年度末までに JISX8341-3 の適合レベル AA に準拠する」ことを求めたことから，行政機関のウェブサイトの担当者には急速に浸透していきました。2020 年には，デジタル社会の実現に向けた改革の基本方針が閣議決定され，国策として推進されることとなりました。デジタル庁設置が大きな柱ですが，方針の中で，デジタル社会を形成するための基本原則，10 原則が示され，「⑦ 包摂・多様性　アクセシビリティの確保，情報通信インフラの充実」と明記されました。各省庁でバラバラとなっているサイトの構成の統一化などが検討されており，今後もアクセシビリティはより重要となってくることでしょう。

6-2-2　障害者に関する法律

　障害者に関しての法律としては，まず「障害者基本法」が挙げられます。1970 年に施行されたものですが，「障害者権利条約」の批准にあたって，条約と国内法の乖離が見られたため，2013 年に「障害者権利条約」に合わせた改正が実施されました。第 4 条で差別の禁止，社会的障壁の除去についての合理的な配慮が定められ，この条文をより具体化した「障害者差別解消法」が 2016 年に施行されました。合理的配慮は，「障害者から，社会の中にあるバリアを除去するために何らかの対応を必要としているとの意思が伝えられたときに，負担が重すぎない範囲で対応すること」[9]とされています。従来は行政機関に対してのみ義務規定でしたが，2021 年の法改正により事業者に対しても義務規定となりました（施行は 3 年以内）。申し出があった際に行う個別の合理的配慮の内容に対して，それを想定し事前に策を講じること，すなわち，利用者からそもそも申し出を受けないように準備を行う環境整備が重要です。「事業者」とは，商業その他の事業を行う企業や団体，店舗であり，目的の営利・非営利，個人・法人の別を問わず，同じサービス等を反復継続する意思をもって行う者となります。個人事業主やボランティア活動をするグループなども「事業者」に入ります[10]。

*9 内閣府
障害者差別解消法
リーフレット

　ウェブサイトにおいては，アクセシビリティを確保したサイト構築を推奨すべく，そのガイドラインが総務省から発出され，各行政機関が取り組むようになりました。2021 年改正法の施行後は，一般の事業者もアクセシビリティの確保は必要要件になることでしょう。ちなみに，Americans with Disabilities Act of 1990: ADA（障害をもつアメリカ人法）のあるアメリカにおいては，アクセシビリティの確保がされていないことにより，視覚障害者から訴訟提起される事例も起こっています。

*10 障害者の差別解消に向けた理解促進ポータルサイト

6-2-3　「みんなの公共サイト運用ガイドライン」

　先述の，「みんなの公共サイト運用ガイドライン」の要旨は以下のとおりです。
　「みんなの公共サイト運用ガイドライン」は，国及び地方公共団体等公的機関の

「ウェブアクセシビリティ」対応を支援するために総務省が作成したガイドラインです。公的機関でウェブアクセシビリティへの対応が求められる背景や，JIS X 8341-3:2016 に基づき実施すべき取組項目と手順，重視すべき考え方等を解説します。

「公共サイト」と書かれていますが，事業者サイトにおいても大いに参考になることでしょう。一方で，細かい事例が不足している点もあり，このガイドラインのみで完結するものでもありません。（現に，このガイドライン内でも，方針の策定は各機関で行うこととされています。）

6−2−4　JIS X 8341-3:2016

「みんなの公共サイト運用ガイドライン」では，「JIS X 8341-3 は，（中略）ホームページ等を高齢者や障害者を含む誰もが利用できるものとするための基準が定められています。」としています。2016 の部分は，2016 年に公示されたバージョンという意味です。行政政機関においては，3 段階ある基準の真ん中の AA 基準の達成が求められていることから，狭義のウェブアクセシビリティでは，この「JISX8341-3 の AA 基準を満たす」ことになっているのが現状です。しかしながら，2021 年の「公的機関のウェブアクセシビリティ確保の取組実施状況に関する調査報告書」おいても，全体の 55%のページが問題ありと公表されており，行政機関のページにおいても，問題ありのページの方が多いのが現状です。基準は示されていますが，何をすれば各項目の基準を達成できるかまでは，具体的には記載されていないため，各項目の基準に対して，達成する方法を個別に検討，計画することが必要となります。

日本産業標準調査会ウェブサイト

例えば，JISX8341-3 の 1.1.1 には「利用者に提示されるすべての非テキストコンテンツには，同等の目的を果たすテキストによる代替が提供されている」との記述がありますが，何をもって同等のテキストなのかという詳細までは，各機関，事業者が定める必要があります。参考になる達成方法の例として，ウェブアクセシビリティ基盤委員会（Web Accessibility Infrastructure Committee: WAIC）が WCAG 2.0 達成方法集の日本語訳を公開しています。また，行政機関においても，独自のガイドラインを公開していて，外部事業者へ委託を行う場合に仕様書（もしくはそれに準ずるもの）として，従うように求められる場合があります。例えば神戸市では，「神戸市ホームページ作成事業者用ガイドライン」の中で，「神戸市より外部業者等にホームページやウェブシステムの作成を委託する場合に，本ガイドラインへの準拠を求めます」と明記されていて，アクセシビリティ対応は必須となっています。神戸市のガイドラインは，JIS 項目の一つひとつに対しての達成方法について細かく説明するもので，ウェブアクセシビリティを日常的に意識する必要がある人のみならず，初学者においても役に立つものであることでしょう。

神戸市ホームページ作成事業者用ガイドライン

6-2-5　障壁の例

　日常的に意識をしていないだけで障壁は多くあります。例えば，文字入力については，人によってどの入力方法が使いやすいかは違います。キーボード入力（ローマ字入力，かな入力），五十音表（タブレット端末），フリック入力（スマートフォン），音声入力等のさまざまな入力方法があります。ウェブサイトを構築する側が，文字の入力について考慮せずに済むのは，利用者側に（自分に適した）文字入力のソフトウェアがあるという前提があります。逆に，利用者側に自分で使いやすい入力のソフトウェアがあるにもかかわらず，五十音表がサイト側で準備されていて，それによる入力が強制されたら？と考えれば，障害者の立場でなくとも，障壁になることはおわかりいただけることでしょう。「みんなの公共サイト運用ガイドライン」でも「ホームページ等の提供者に求められるアクセシビリティ対応とは，ホームページ等においてそのような支援機能を提供することではなく，ホームページ等の個々のページを JIS X 8341-3:2016 の要件に則り作成し提供することにより，利用者がそのページを閲覧できるようにすること」としています。ほかにも緑と赤と茶の区別がつかない（色覚特性），加齢により小さな文字が見にくい，印刷したらモノクロ印刷になってしまったので読めない，大容量すぎてパソコンがフリーズした，スマートフォンで閲覧したら大量にギガを消費してしまった，通信速度制限があったので閲覧までに異様に時間がかかった，スマートフォンで見たら異様に小さく表示されてタップできない等々，さまざまな障壁があることを知っていれば適切な配慮もでき，結果として使われるサイトが構築でき，利用されるという好循環につながります。以下に，どのような障壁があるのか，参考となるサイトを紹介しておきます。

・障害者の差別解消に向けた理解促進ポータルサイト

　　2022 年に内閣府が公開しました。具体的事例の掲載，サイトの見やすさ，サイトの二次利用条件（CC BY）明記など，画期的なものと筆者は評価しています。

・文京区「カラーユニバーサルデザインを含む情報提供ガイドライン」

　　「色」に焦点を当てていますが，色以外にも配慮すべき対象を例示しています。

・「外来語」言い換え提案

　　国立国語研究所が外来語の認知率の調査を実施し，言い換えの提案をしたものです。調査時期から日が経っていますが，アーカイブやアクセシビリティも調査対象になっていました。アップデートが望まれます。

6-2-6　インクルーシブデザインとユニバーサルデザイン

　視覚障害者や聴覚障害者，肢体不自由者がどのように利用しているのか，高齢者や外国人特有の課題は，当事者からヒアリングしないとわからない部分もあることでしょう。そういった当事者と一緒にサイトをデザイン（インクルーシブデザイン）し，

文京区
カラーユニバーサル
デザインを含む情報
提供ガイドライン

「外来語」言い換え
提案

構築する手法は非常に有益です。一方のユニバーサルデザインは，サイトを構築する側のデザイナーが，使いやすいサイトをデザインするものとなります。アクセシビリティは，利用者が支障なく使えること，ユーザビリティは，使える人がより使いやすくということですがこの2つは密接に絡んでいます。アクセシビリティを確保しつつ，ユーザビリティの向上を図るには当事者の意見は欠かせません。利用者の立場に立ち，誰もが使いやすいサイトづくりがますます求められています。 （森 俊輔）

6-3　デジタルアーカイブの共同利用，オープンデータ化

オープンデータとは

オープンデータの定義として，Open Data Handbookでは以下の3つを挙げています。

Open Data
Handbook

(1) Availability and Access（利用できること，データにアクセスできること）

データ全体を丸ごと使えないといけないし，再作成に必要以上のコストがかかってはいけない。望ましいのは，インターネット経由でダウンロードできるようにすることだ。また，データは使いやすく変更可能な形式で存在しなければならない。

(2) Re-use and Redistribution（再利用，再配布ができること）

データを提供するにあたって，再利用や再配布を許可しなければならない。また，他のデータセットと組み合わせて使うことも許可しなければならない。

(3) Universal Participation（制限なく誰でも使えること）

誰もが利用，再利用，再配布をできなければならない。データの使い道，人種，所属団体などによる差別をしてはいけない。例えば「非営利目的での利用に限る」などという制限をすると商用での利用を制限してしまうし「教育目的での利用に限る」などの制限も許されない。

オープンデータは，相互運用性を確保することに重点を置いています。オープンデータには，数値データはもちろん，テキストデータ，画像，映像，音声なども対象となっています。誰でも自由に活用できる信頼できるデータがあれば，これらを組み合わせて活用することで何かしらの課題解決を行う，また複数データを使って分析することで新たな発見や利益を得るなどの実現が考えられます。2013年にG8サミットにてオープンデータ憲章が合意され，行政を中心にオープンデータ化は広がりつつあります。

外務省
オープンデータ憲章
（概要）

6-3-1　デジタルアーカイブの提供

デジタルアーカイブの提供機関

デジタルアーカイブの提供機関は，図書館，博物館，学校（教育機関），企業，市町村の施設等，公文書館，家庭等です。また，社会の情報化にともない，文化資産を保存活用する社会システムとしてのMALUI（Museum Archives Library University Industry）連携が注目されています。これは，貴重な知的資産をいつでも，どこでも

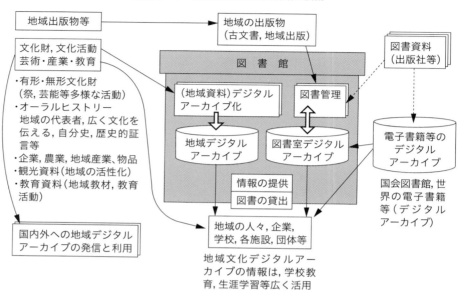

図表6-1　地域文化資料と図書館の役割

見られるようになる，博物館，文書館，図書館，大学，産業の連携のことで，デジタルアーカイブの新たな提供機関になりつつあります。例えば図書館の主要な活動は，図書の受け入れや管理，貸出でした。しかし，国立国会図書館を始めとする多くの図書館でデジタルアーカイブ化が進み，文化活動，産業，農業，観光関連資料等の地域資料のデジタルアーカイブを発信しています。このように，図書館がデジタルアーカイブをつくり，館内利用者だけでなく地域の貴重な文化資産を発信し，地域活性化にも役立つ施設となりつつあります。

デジタルアーカイブの提供

　ある物事を調査するとき，1つの資料だけでなく多くの関連資料を利用するケースが多くなります。例えば，獅子舞について調べるとき，獅子，狛犬，シーサー等との関係や，地域間のつながりを知る必要があり，これらの資料を得るには国内外のデジタルアーカイブの API を通じた連携により横断的にアクセスできる仕組みが求められます。そのためには管理・流通を支える機関（ヨーロピアーナの"アグリゲーター"，DPLA の"ハブ"など）の存在が重視されます。

　また，資料の共通利用を促進するためには，それぞれのデジタルアーカイブが提供するビューアだけでなく，ユーザーが使い慣れたビューアを利用できるように IIIF（後述）にデータを対応させることや，資料がパブリックドメイン，CC0 など（4章参照）として世界中で活用できるようになれば，多様な利用，ひいては新しい文化の創造へつなげることができると考えられます。

6-3-2 LOD, API

LOD（Linked Open Data　リンクトオープンデータ）

Linked Data

　Open Data とは 6-3 に記したとおり，誰でも自由に利用することができる形式かつ二次利用が可能な状態で公開されたデータを指します。そして Linked Open Data は，データにインターネット上の住所をもたせて公開することで，データ同士をリンクさせる仕組みのことです。Linked Open Data は以下の基本原則に基づきます。

　(1) すべての事物に URI をもたせる

　(2) URI は HTTP 技術で検索できるようにする

　(3) URI を検索した場合に，Resource Description Framework: RDF などを使って役立つ情報を提供する

　(4) 多くの事物を発見できるように外部リンクを付ける

　URI とはウェブ上のあらゆるデータを識別するためのもので，URI の中に URL（ウェブページの住所）や URN（本の識別子 ISBN，映画の識別子 ISAN など）が存在します。

　RDF とはデータの表現方法・枠組みのことで，データを「主語」「述語」「目的語」のトリプルで表現します（図表 6-2）。「主語」「述語」「目的語」をグローバルな URI（値や空白の場合もあります）で示すことで，世界中のどこからでも検索可能な形式で情報発信できるため，メタデータの記述などに用いられています。

図表 6-2　RDF

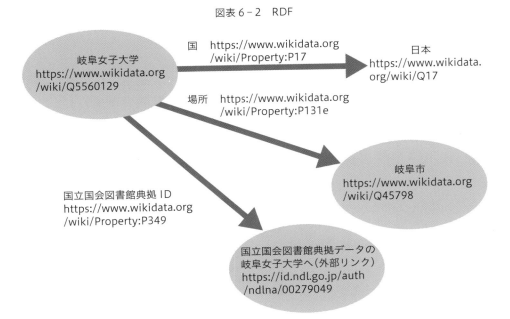

図表 6-3　The Linked Open Data Cloud

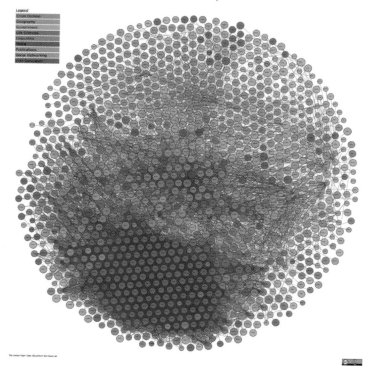

The Linked Open
Data Cloud

　The Linked Open Data Cloud では，LOD のハブである DBpedia（Wikipedia の情報を Linked Data に変換したもの）を中心に相互リンク等でつながり，1,255 のデータセットが LOD で公開されていることを確認できます（2020 年 5 月）。

API

　Application Programming Interface: API とは，ソフトウェアやウェブサービスをつなぐインターフェースであり，身の回りにも API は多く使われています。例えば，日本郵便が公開している郵便番号検索 API では，利用者が郵便番号を入力して "住所検索ボタン" などをクリックして API を使用すると，その下にある住所欄に郵便番号に対応した住所が自動入力されます。ショッピングサイトなどでわざわざ郵便番号・住所の自動入力プログラムを独自に組み込む必要なく，郵便番号検索 API を使うことで簡単に自動入力を取り入れることができます。また住所の変更などがあった場合は日本郵便側で更新されるので，常に最新の郵便番号・住所の情報を利用できます。このように API は，利用者がリクエストすると，定められた情報を返信により受け取ることができます。6-3-3 IIIF で紹介する IIIF 対応ビューアにも Image API（画像取得や拡大・縮小，回転などの変更）や Presentation API（画像を並べて表示，manifest ファイルとして共有）など API が用いられています。

6-3-3 IIIF

デジタル画像の相互運用のための国際規格 IIIF

International Image Interoperability Framework: IIIF とは，画像へのアクセスを標準化し，相互運用性を確保するための国際的な枠組みです。

デジタルアーカイブで課題とされてきたことの一つに，デジタルアーカイブを公開しているサイトごとに画像データ等の表示方法，利用しやすさが異なる，ということがあります。IIIF では，画像データ等のコンピュータ上のやりとりの仕組みを共通化するため，利用者にとっては，IIIF 対応ビューアの利用の仕方に慣れれば，個々のサイトの表示方法をそれぞれ習得しなくても自由なサイト利用ができるようになります。

代表的な対応ビューアには，米国・ウェルカムライブラリーや英国図書館により開発されたビューアである Universal Viewer やスタンフォード大学，ハーバード大学の研究者等によりオープンソースで作成されたビューア Mirador 等があります。

（檪 彩見，林 知代）

Universal Viewer

Mirador

6-4 3次元デジタルアーカイブ

彫像のような立体物を写真データといった2次元で記録をする場合，撮影者の意図によってデータは一面的になり，映り込まないものはデータとして利用することはできません。正面から撮影すれば側面や背面は記録されません。記録されている写真データの多くは，よくても正面，背面，両側面の4方向からしか記録されないことがほとんどです。正面から撮影したデータのみということも散見されます。デジタルアーカイブにおいてデータは可能な限り情報を丸ごと記録することが理想です。利用者が必要な情報が必ずしも撮影者と同一の視点で得られるとは限らないからです。立体物を3次元データとして記録することができれば，撮影者の視点に制限されることもなくなり，あらゆる角度からの観察が可能になります。3次元デジタルアーカイブは立体物の記録として理想的な形であるといえます。

2000年代初頭にデジタルカメラの普及とともにトプコン社の Image Master Pro といった3次元画像計測統合ソフトウェアが登場し，Structure from Motion: SfM という1つの対象物を撮影した複数枚の写真から対象の形状を復元する技術を利用した3次元写真測量が行われ始めるようになりました。当初はカメラのキャリブレーションの設定や手動によるタイポイントのマッチングなど煩雑で時間を要する作業が必要でしたが，近年の急速なソフトウェアの発達で，デジタル写真測量がほぼ全自動で簡易かつ精度よく行うことができるようになり，建築学・土木工学・考古学・地理学といった分野で多用されるようになってきました。ここではフォトグラメトリ（デジタル写真測量）による3次元モデル生成のしくみを簡単に解説しておきたいと思います。

デジタルカメラで同一の撮影対象を同じ焦点距離のレンズで少しずつ位置を変えながら8割程度重複するように複数枚撮影します。撮影された複数の写真に写り込んでいる彫像の指先などといった同一のポイントを三角測量の原理で解析することによって，撮影時のカメラ位置を算出することができます。算出されたそれぞれのカメラの位置から逆に撮影対象物の同一のポイントの座標を複数の写真から無数に抽出することによって，点群データが生成されます。この点群データの隣接する点を線で結び三角形の面（メッシュ）を構築します。構築されたメッシュに写真から得た画像（テクスチャ）を貼り付けると3次元モデルができあがります。

　写真測量によって3次元デジタルモデルを生成するためには対象物を360度あらゆる方向から撮影する必要があるため撮影に手間と時間がかかりますが，モデルを生成すれば，あらゆる方向から観察できるだけでなく，あらゆる方向から切断して断面の形状を観察することも可能で，これまで想定できなかった分析が行えるようになる可能性を秘めています。さらに，第4世代 iPad Pro および iPhone 12 Pro 以降，LiDAR スキャナーが搭載されるようになり，精度はまだ不十分なところがありますがレーザー光による3次元スキャンからモデルを生成することも簡便にできるようになりました。3次元データを取り巻く環境は急速に進歩しており，これらのデータをアーカイブするためのプラットフォームも早急に整備していかなければなりません。

（江添　誠）

6-5　ユニークなデジタルアーカイブの事例：　　　各機関のさまざまな工夫

　デジタルアーカイブを構築・運用するに当たって，各機関さまざまな創意工夫を施しています。ここでは筆者が関与しているデジタルアーカイブシステム ADEAC の中から，特に参考になりそうな選りすぐりの5つの事例を紹介します。

6-5-1　【事例1】おくゆかしき津軽の古典籍（青森県弘前市）

デジタルアーカイブ
システム ADEAC

おくゆかしき津軽の
古典籍

　弘前市では2016年に「弘前市立図書館及び弘前市立郷土文学館古文書等デジタル化基本計画」を策定し，1期3年としておおむね10年以内にデジタル化を終了するという計画でデジタルアーカイブ事業を進めています。

　2017年から2018年にかけて，『新編弘前市史』通史編1～5，資料編1～3，年表・索引編のデジタル化，とくに通史編はフルテキスト化を行っています。これと並行して，市史に引用されている史資料や絵図・城郭補修資料約200点を優先的にデジタル化しており，市史の本文検索から該当ページの図版の高精細画像と目録情報を見ることが可能になっています。また逆に，目録にも市史の掲載ページのリンクが埋め込まれているため，目録検索から市史の該当箇所にたどりつけるようになっています。こ

うした多角的な検索・閲覧の仕掛けがこのデジタルアーカイブの最大の特徴です。

　2018年からは併設する郷土文学館が常設展示している「津軽文士」の直筆資料など400点強をデジタル化し，うち約100点の画像が公開されています。これらの目録にも関連する市史のページへのリンクが張られています。

　弘前図書館には「弘前藩庁日記」（全4,534冊）という江戸時代前期から幕末までの藩政記録が残されています。この膨大な貴重資料のデジタル化を2018年から過疎事業対策債を活用して，現地で人を雇用し計画的に進めています。作成したデータは年次でデジタルアーカイブに搭載され，2022年現在約2,200冊が閲覧可能となっています。人材育成の観点においても注目される事例です。

　また2018年から，市と弘前大学人文社会科学部が連携協定を結び，公開資料の解説の整備を行っています。現在までに200件を超える目録に詳細な解説が施され，一般の方でも資料の理解を深めることができるようになっています。自治体と地方大学との連携により，より充実したデジタルアーカイブが構築できるという事例です。

6−5−2　【事例2】デジタルミュージアム 秘蔵の国 伊賀（三重県伊賀市）

　伊賀市は忍者の里として有名ですが，俳聖松尾芭蕉の生誕地でもあり真筆など貴重な資料を数多く保有しています。また市内には三重県内最多約500点もの文化財が存在し，まさに歴史文化の宝庫といえます。このため市は，伊賀の宝物を通じて歴史や文化，魅力を知ることができるデジタルミュージアム 秘蔵の国 伊賀を構築しました。構築に当たって，伊賀市上野図書館を中心に，伊賀市文化財課，伊賀市文化交流課（芭蕉翁記念館），一般社団法人伊賀上野観光協会（伊賀流忍者博物館）が構成テーマを5つとして計画を進め，2021年1月に3つのテーマ，2022年1月に残る2つのテーマを公開しています。

デジタルミュージアム 秘蔵の国 伊賀

　5つのテーマのうち「芭蕉と俳諧の世界」は重要文化財「更科紀行 芭蕉自筆稿本」など芭蕉とその弟子の作品資料，「伊賀流忍者」は珍しい忍者関係の資料，「郷土資料」は古文書や絵図，絵葉書，参宮講看板を掲載し，それぞれ単純にデジタル画像を表示するだけでなく，例えば，芭蕉の真筆資料に活字を重ね合わせたり，忍術書の該当ページから忍者博物館の展示資料の写真を表示させたり，城下町絵図に現在地図を重ねて町を探索できるようにしたり，さまざまな仕掛けを施しています。

　「伊賀市の文化財」は，市内の文化財ほぼ全点の写真と詳しい解説をデータベース化したもので，国・県・市・登録の指定区分，建造物・絵画・彫刻などの区分ごとに，任意の言葉から探すことができる，利便性の高い文化財検索・閲覧サイトとなっています。「歴史探訪」は，市内各地に残された史跡や文化財，芭蕉遺蹟などの地点を8つのテーマから地図上でたどることができます。文化財課による詳しい「見どころ・解説」，さらには関連する資料画像が表示できるようになっており，歴史・文化・観光が融合したユニークなサイトを構築しています。

*11 地域のデジタル
アーカイブ資料を活
用した授業実践

日本ラグビー デジタ
ルミュージアム

2021年10月，伊賀市立成和西小学校で「芭蕉と俳諧の世界」の資料を使った授業実践が学年ごとに行われました。この様子がYouTubeに公開されており*11，GIGAスクール構想におけるICT活用の新しい形として全国から注目されています。

6-5-3 【事例3】日本ラグビー デジタルミュージアム（日本ラグビーフットボール協会）

ラグビーワールドカップ2019日本大会を前に，日本ラグビーのこれまでの道のりを世界へ発信したいというラグビー関係者の思いにより，このプロジェクトが始まりました。ベースになった資料は，『協会八十年史』（日本ラグビーフットボール協会，2007）と日比野弘著『日本ラグビー全史』（ベースボールマガジン社，2011）で，これらに協会が保有している機関誌，写真ファイル，新聞スクラップなどの資料，さらにはラグビー関係者から提供を受けた貴重な資料や情報が加わり構築されています。

このサイトの最大の特徴は，1つの試合ごとに各種資料の情報がつながっていることです。通常デジタルアーカイブを構築する場合，機関紙なら機関紙1冊ずつの目録を作成し，検索できるようデータベースを構築し，さらにインデックスページを作成し，年代順の一覧から該当巻号の画像を見られるようにします。写真や新聞のスクラップも同様です。しかし日本ラグビー デジタルミュージアムは，こうした基本データとは別に，『日本ラグビー全史』本文のフルテキストデータを試合ごとにページ分けし，そこに機関紙や写真などの該当ページの画像をリンクさせるという方式を採用しています。したがって自分が調べたい試合を検索し，その試合のメンバー表や戦評を読み，さらに関連する写真や新聞記事，該当の機関紙ページが閲覧できるようになっています。

また，国際試合に出場した選手（キャッププレーヤー）の人名からも検索でき，その選手が出場したすべての試合の内容にたどり着けるようになっています。今まで膨大な時間を要していた，ないしは調べられなかったことが，誰もが瞬時に見られるようになりました。

ワールドカップ用に作成した経緯もあり，主要ページが英文対応であり，さらに一部ページはスペイン語とフランス語に訳されています。またこのサイトは，日本協会主催試合や国際試合が開催されるたびに更新され，鮮度の高い情報を発信しています。各界からの評価も高く，デジタルアーカイブ学会第2回学会賞「実践賞」を受賞しています。

6-5-4 【事例4】とよはしアーカイブ（愛知県豊橋市）

とよはしアーカイブ

豊橋市図書館では所蔵するさまざまな郷土資料をデジタル化し，2019年からとよはしアーカイブとして公開しています。この図書館の特徴は，羽田八幡宮文庫や橋良文庫，司文庫等の貴重な文庫資料を保有していることです。とくに羽田八幡宮文庫は

「日本における近代的図書館の先駆け」と評価される幕末期の文庫で，2020年には神社所有の掛け軸や書簡と併せ，一括して9,200点が「羽田八幡宮文庫旧蔵資料」として市の有形文化財に指定されました。

こうした超貴重な資料の公開のみならず，当初から調べ学習や，生涯学習活動を支援するというコンセプトのもと，多様な資料にデジタルならではの工夫を凝らし公開を行っています。とくに注目したいのは，「郷土刊行物」のコーナーです。ここには4種の市の刊行物が，それぞれの特徴を活かした形で掲載されています。

『とよはしの歴史』は小中学生向けの通史の解説書で郷土史を調べるための入門書です。この本全体がフルテキスト化され，思いついた言葉から検索できるようになっています。『郷土豊橋を築いた先駆者たち』は郷土の人名事典で，人名（索引）がテキスト化され，調べたい人名から検索し，本文が読めるようになっています。『豊橋百科事典』は文字どおり郷土の百科事典で，すべての見出し語がテキスト化され，ヒットした項目が読めるようになっています。『知るほど豊橋』は10冊からなるムック形式の本で，目次部分がテキスト化され，内容から探せるようになっています。

このように，紙の状態では不可能だった内容からの検索ができるようになり，調べ学習のための強力なツールとなっています。また子どもたちのみならず，コロナ禍で閉館を余儀なくされた状況において，外部からのアクセスが可能なこのツールは，地域のことを調べたい大人にとっても，強い味方になったことは想像に難くありません。

このほかにも古地図と現代地図の重ね合わせやその場所の古写真の表示等々，図書館にはデジタルブック化することで威力を発揮する資料がたくさん眠っています。豊橋市の事例は図書館DXの先駆けとして，大いなるヒントを与えてくれます。

こうして図書館から始まったデジタルアーカイブは，2021年度から美術博物館，2022年度からは文化財センターが加わり，市立のアーカイブ機関の共同構築モデルとして発展しています。

6−5−5 【事例5】美馬の記憶 デジタルアーカイブ（徳島県美馬市）

美馬の記憶 デジタルアーカイブ

このデジタルアーカイブの特徴は，これまで紹介した機関とは異なり，町の記憶を残すことに着目し，新たに資料を集めて構築しているところにあります。しかも限られた予算の中で創意工夫をしている点がたいへん参考になります。

美馬市立図書館では，「貴重な昔の写真を，継続的に広く収集し，デジタル化して保存・整理していくことで，劣化・散逸・消滅の危機から守り，次世代へと引き継ぐ」事業に取り組んでいます。集めた写真には場所や主題等を付与した目録を整備し，検索を可能にしているのみならず，市民の方が楽しんで見られるよう地図上で表示する工夫を施しています。

NPO法人科学映像館

写真のほか「にし阿波映像ライブラリー」と題して，過去に制作された動画を配しています。大半がNPO法人科学映像館のサイトで公開されている動画ですが，"に

し阿波の昔の映像"という地域性の高いテーマで切り出すことで，新たなニーズを喚起しています。こうした他機関の既存アーカイブとの連携は，たいへん有効であるといえるでしょう。

　また「美馬市関連資料」として6点の絵図（古地図）の高精細画像を掲載していますが，これは徳島県立文書館からの借用データです。前述の動画同様，アナログ的（人的）な連携により，充実したデジタルアーカイブが構築できることを実践しています。

　もちろんこうした借用物だけでなく，市が所蔵する「脇町分間絵図」を使いグーグルマップとの重ね地図を作成しているほか，「みま歴史散歩」うだつの町並み〜城下町コースと舞中島コースという図書館発のオリジナルのデジタル観光マップを制作し，シティプロモーションにも貢献しています。大きな予算を掛けなくてもコンセプトと工夫次第で，小規模ながらキラリと光るデジタルアーカイブを作ることができるという好例です。

（田山　健二）

6-6　API と統合ポータル

　今日，さまざまな分野のデジタルアーカイブが作成されています。そのような背景の中，それらを統合して，多様なコンテンツのメタデータをまとめて検索・閲覧・活用することができる統合ポータルも数多く公開されています。このようなデータの連携や活用にあたり，Application Programming Interface: API が重要な役割を果たします。本章では，この API と統合ポータルについて説明します。

6-6-1　API

　API は，ソフトウェアの機能の一部を別のソフトウェアやプログラム上で稼働できるようにつなぐ仕組みです。

　例えば図表6-4は，東京大学が公開する「百鬼夜行図」を，ジャパンサーチ上で表示している例を示します。ここでは，ジャパンサーチ上で画像の拡大や縮小を行った際，その操作に基づくリクエストが東京大学のサーバに送られ，そのリクエストに基づく結果（具体的には，画像の一部）が東京大学からジャパンサーチに返却され，ジャパンサーチ上で拡大および縮小された画像が表示されています。ジャパンサーチ上の User Interface: UI を通じた人間による操作を起点とし，その後はプログラムによって，ジャパンサーチと東京大学のサーバ間のやりとりが行われています。

　以下，デジタルアーカイブの周辺分野で用いられる API について紹介します。

ジャパンサーチ
百鬼夜行図

図表 6-4　ジャパンサーチにおける API の利用例

メタデータのやりとり：OAI-PMH, ResourceSync など

　異なるサービス間のメタデータのやりとりを実現する方法として，OAI-PMH や ResourceSync といった規格が挙げられます。

　OAI-PMH は，データの自動収集によってメタデータを交換するための規格です。図書館界におけるメタデータ交換の標準規格として，世界的に普及しています。リクエスト種別や取得したメタデータの条件などを指定したリクエスト（URL）を送信すると，そのリクエストに合致するメタデータが Extensible Markup Language: XML の形式で返戻されます。例えば，検索条件の指定により，特定の期間に登録または更新されたデータのみを取得することで，異なるサービス間の効率的なメタデータのやりとりを実現することができます。この OAI-PMH は，例えば国立国会図書館が提供する国立国会図書館サーチで使用されています。国立国会図書館サーチに格納されたメタデータをダウンロードできるほか，国立国会図書館サーチが連携先のシステムからメタデータを自動的に収集するにあたり（TSV ファイル等を用いた自動収集でない連携方法も提供されています），本規格が使用されています。

　ただし OAI-PMH は収集対象がメタデータのみである点など，いくつかの課題を抱えています。この課題を解決するための後継の規格の一つとして ResourceSync があります。ResourceSync の同期の対象は，URI をもつあらゆるウェブ上のリソースであり，OAI-PMH のようにメタデータには限定されない，といった改善が施されています。本 API は国立情報学研究所が提供する IRDB や CiNii Research などで採用されています。

画像データの共有：IIIF

　画像データを共有するための国際的な規格として，International Image Interoper-

OAI-PMH

ResourceSync

IRDB

CiNii Research

IIIF

ability Framework: IIIF があります。画像に関するデータのやりとりの方法を標準化することで，画像やそれに関する情報を提供するサーバプログラムと，それを受け取るクライアントプログラムとのやりとりが容易となります。「画像やそれに関する情報」のうち，前者に関する規格が Image API，後者に関する規格が Presentation API です。このほか，認証に関する Authentication API や，検索に関する Content Search API など，複数の API が提供されています。冒頭の例では，東京大学が Presentation API に基づいて作成したマニフェストファイルがジャパンサーチに登録されており，そのファイルに記述された情報に基づき，異なるシステム間でのデータのやりとりが実行されています。

6-6-2　統合ポータル

今日，分野や国を横断したさまざまな統合ポータルが提供されています。例えば，ヨーロピアーナ財団によるヨーロピアーナは，欧州各国の博物館・美術館，図書館，文書館等が所蔵する書籍，映像，音楽，絵画，写真，地図等のデジタルコンテンツを統合的に検索することができます。また米国デジタル公共図書館による DPLA は，米国の博物館・美術館，図書館，文書館等が所蔵するデジタルコンテンツを統合的に検索することができます。そのほか，オーストラリア国立国会図書館による Trove，ニュージーランド国立図書館による DigitalNZ など，各国でさまざまな統合ポータルが構築されています。これらの統合ポータルでは，データ収集に先述した API が使用されているほか，収集したデータの利活用を支援ための API を提供しています。例えばヨーロピアーナでは，検索に関する API に加えて，IIIF に関する API などを提供しており，分野を超えたさまざまな成果が生み出されています。

国内におけるデジタルアーカイブの統合ポータルの代表例であるジャパンサーチにおいても，メタデータの収集および利活用において，API が利用されています。メタデータの収集においては，一部の機関との連携において，OAI-PMH が使用されています。また登録されたメタデータの利活用を促進するために，多種多様なコンテンツのさまざまな形式のメタデータを共通の形式「JPS 利活用スキーマ」に変換され，「利活用データ」として提供されています。この利活用データでは，各機関が登録したメタデータに含まれる時間・場所・人や組織の値を正規化し，網羅性の高い検索結果の取得や，より精緻な条件による検索を可能としています。これにより，ヨーロピアーナや Wikidata など，ジャパンサーチと外部サービス間の横断検索も可能となります。この仕組を活用することで，ヨーロピアーナや DPLA，ジャパンサーチなどを検索対象として，世界中の機関が公開する日本文化に関するデータを収集し，それらの発見可能性を高めることを目的としたカルチュラル・ジャパンといった試みも進められています。

Wikidata

カルチュラル・ジャパン

6-6-3 まとめ

　API はデジタルアーカイブにかかわらず，さまざまな分野で提供・活用されています。例えば Amazon や Google，Microsoft などが AI 関連の API を提供するほか，Facebook や Twitter をはじめとする SNS 関連の API も提供されています。これらの API の活用は，さまざまな場面におけるプロセスの強化と効率化，DX に寄与するツールとして注目されています。デジタルアーカイブの利活用においても，利用の幅が今後ますます広がっていくと考えられます。

　一方，大小さまざまなアーカイブ機関すべてが API を構築・提供することは難しいかもしれません。そのような場合には，統合ポータルとの連携を通じ，統合ポータル側での API 提供を実現することも選択肢の一つとなります。このような観点からも，統合ポータルの重要性は，今後より高まっていくものと考えられます。

（中村　覚）

6-7　デジタルアーカイブ×可視化による"ストック"されていた資料の"フロー"化

6-7-1　"ストック"された記憶の"フロー"化

　筆者らは，社会において"ストック"されていた資料を可視化することで"フロー"化し，創発するコミュニケーションによって情報の価値を高め，記憶を未来に継承する活動を続けています。

図表 6-5　ヒロシマ・アーカイブ

戦争・災害など過去のできごとの「実相」は，多様な人々の視点を内包した多面的なものです。多面的な資料を網羅したデジタルアーカイブは，「実相」を伝えていく基盤として重要です。しかし，こうしたデジタルアーカイブは，いまだ十分に利活用されていません。この点を解決するために，資料がもつ価値を社会にアピールし，利活用へのモティベーションを形成する必要があります。

現代の社会においては，"ストック"されたデータそのものに加えて，適切な情報デザインよって"フロー"を生成し，コミュニケーションを創発することが重視されます。したがって，過去のできごとの「実相」を未来に伝えていくためには，デジタルアーカイブ／社会において"ストック"されている資料を"フロー"化し，コミュニケーションを創発することで情報の価値を高め，継承へのモティベーションを生み出していくことが望まれます。

私たちはこれまでに，ヒロシマ・アーカイブ（図表6-5）をはじめとする，戦災・災害をテーマとしたデジタルコンテンツを制作してきました。これらのコンテンツでは，散在する多元的なデータがVR空間のランドスケープに紐付けられ，各々の「つながり」と「コンテクスト」が可視化されます。

その結果，ばらばらの粒子のように"ストック"され，固化していたデータが結び付けられ，液体のように一体となって流れる"フロー"となります。その"フロー"は，ユーザーの手元にあるデジタルデバイスを通して身の周りの時空間に溶け込み，ユーザーとともに未来へ流れていきます。

広島においては，ヒロシマ・アーカイブを源流としたボトムアップの運動体が生まれ，記憶継承の活動を展開しています。このコミュニティにおいては，デジタルアーカイブが生成した"フロー"によって，コミュニケーションが創発します。さらに，そこで得られた証言（＝データ）がデジタルアーカイブに還流され，"フロー"をさらに成長・進化させます[12]。

こうした，可視化から創発するコミュニティの形成を基軸とした，記憶継承のメソッドをもちいて，私たちは多様な「多元的デジタルアーカイブズ」の制作活動を続けてきました。地元のコミュニティとの協働に加えて，地域との永い信頼関係を構築してきた地方紙とのコラボレーションも実践しています。

*12 渡邊英徳. "「記憶の解凍」資料の'フロー'化とコミュニケーションの創発による記憶の継承." 立命館平和研究. 19, 2018, 1-12.

デジタルアーカイブズ・シリーズ

6-7-2　多元的デジタルアーカイブズ・シリーズ

忘れない：震災犠牲者の行動記録[13]（2016）

東日本大震災から5年のタイミングで公開された，岩手県における震災犠牲者の「地震発生時」から「津波襲来時」までの行動を再現したアーカイブです。岩手日報社の綿密な取材をもとに居場所が詳細に判明した犠牲者1,326人について，被災地の震災直後の立体的な航空写真・地図と組み合わせ，避難行動を可視化しました。2016年度の日本新聞協会賞を受賞しています。

*13 避難所過信せず高台へ 犠牲者の行動記録再現. 岩手日報. 2016-03-05, 朝刊, p.1.

忘れない：震災遺族 10 年の軌跡[*14]（2021）

東日本大震災発生から 10 年を記念し，震災で家族が死亡または行方不明になった遺族が，震災発生時から本設再建に至るまで「どのように歩んできたのか」をテーマとして制作しました。遺族の 10 年に渡る行動軌跡・心境を，時間経過とともに可視化した「生活再建マップ」と，コメントを人工知能技術で分析・可視化した「言語分析」の 2 つのコンテンツで構成されています。

*14 復興 最後の一人まで「生活再現」で本紙提言 忘れない 震災遺族 10 年の軌跡. 岩手日報. 2021-03-01, 朝刊, p.1.

東日本大震災ツイートマッピング（2021）

東日本大震災発生の直後，24 時間以内につぶやかれたジオタグ付きツイートのデジタルアーカイブです。被災地・東京・あるいは世界中の人々が，そのときなにを思い，どう行動したのか，震災発生直後における「瞬間」の心がアーカイブされ，デジタルアース上に可視化されます。Twitter Japan の協力により，すべてのツイートのデータを網羅しました。

記憶の解凍[*15]（2018）

社会に“ストック”されてきた原爆のきのこ雲や戦前・戦後の記録写真を，AI とヒトのコラボレーションによりカラー化しました。資料・SNS 上のコメント，あるいは専門家や戦争体験者の協力のもと，カラー化の精度を向上させながら対話を創発する取り組みです。成果をまとめた『AI とカラー化した写真でよみがえる戦前・戦争』（庭田杏珠との共著）[*16] は 6 万部を超えるヒット作となりました。

*15 Niwata, Anju, and Hidenori Watanave. ""Rebooting memories" creating" flow" and inheriting memories from colorized photographs." In SIGGRAPH ASIA Art Gallery/Art Papers, pp. 1-12. 2019.

ウクライナ衛星画像マップ（2022）

古橋大地（青山学院大学）との協働により，ウクライナ侵攻にまつわる衛星画像や

図表 6-6　ウクライナ衛星画像マップ

*16 庭田杏珠，渡邉英徳. AI とカラー化した写真でよみがえる戦前・戦争. 1st ed. 光文社, 2020.

3Dデータ（図表6-6）をアーカイブ化するプロジェクトです。膨大な"フロー"として流れ去る情報を"ストック"し，可視化する試みです。赤外線による火災検出マップや，SAR（合成開口レーダー）のデータも用いて戦況を記録しました。3Dデータ（フォトグラメトリ）については，ウクライナ在住のクリエイターら，各国の協力者から提供を受けました。

6-7-3　学生主導のプロジェクト

　ここまでに述べた研究室の活動と並行して，学生主導のプロジェクトも進化・成長してきました。例えば，ノーコードのプラットフォーム開発によるデジタルアーカイブ制作の民主化・それらのプラットフォームを活用したボトムアップな取り組みなどがあります。これらのプロジェクトには，未来を生きる若い世代ならではの世界観・感性と行動力が活かされています。

Re:Earth（2021）

Re:Earth

　田村賢哉（博士後期課程3年・公開当時）が代表を務める東大発ベンチャー Eukarya が開発した，ノーコードのデジタルツイン構築プラットフォームです。誰でも容易にデジタルアーカイブとストーリーテリングコンテンツを作成できます。オープンソースソフトウェア（OSS）として公開されており，開発者コミュニティによる開発と進化が継続しています。官公庁や自治体・大学の授業などにおける活用が進行中です。

出征兵士の足どりデジタルアーカイブ（2022）

出征兵士の足どりデジタルアーカイブ

　三上尚美（博士前期課程2年・公開当時）が取り組むプロジェクトです。全国どの街にも共通する戦争の記憶「出征兵士」の足どりをテーマにすることで，これまで，あまり語られてこなかった戦争の記憶の掘り起こしと継承を促す活動です。戦争体験者やその家族を対象とした地道なインタビューと，ノーコードのプラットフォーム（ArcGIS Online）を活かしたボトムアップな取り組みです。

　私たちは，これらの取り組みを，時代に応じたテクノロジーを取り入れ，進化させながら継続しています。さらに，取り組みの成果はすべてウェブで公開し，自由に利活用することが可能です。デジタルアーカイブと可視化による，"ストック"されていた資料の"フロー"化の事例として，ご参照いただければ幸いです。　　（渡邉 英徳）

6-8　教育活用

　デジタルアーカイブの構築と活用は両輪です。デジタルアーカイブを「出口」とし

て有用性を示すことは，その存在価値への理解促進にもつながります。したがって，デジタルアーカイブの構築進展や持続可能性の観点からも，「いかに活用するか」という命題は，すべてのデジタルアーキビストにとって重要なテーマだといえます。また，「誰にどのように活用されるのか」を想定することは，アーカイブ構築時の資料選定やメタデータ付与，二次利用条件，UI デザインをユーザー目線で有用なものとするためにも重要です。本節では，とりわけデジタルコンテンツ活用への社会的要請が高まっている初等中等教育にフォーカスし，デジタルアーカイブの教育活用に関する背景や意義，活用対象や活用法，課題や今後の展望について事例を交えて概説します。

6−8−1　デジタルアーカイブの教育活用を推進する必要性の高まり

　UNESCO（2015）は文化資源の教育活用を推進することを勧告し[17]，UN（2019）は "ESD for 2030" において有形・無形の文化遺産に関する学びの推進を掲げました[18]。国内でも，2017 年に「デジタルアーカイブ社会」の実現が掲げられ，デジタルコンテンツの活用推進が国の方針として目指されています[19]。また，VUCA（Volatility/ Uncertainty/ Complexity/ Ambiguity）社会への警鐘が鳴らされる中，変化が激しく不透明な世界を生きる力を育むために，学びの変革が世界中で求められています。とりわけ多様なデジタル情報を活用するリテラシーの育成は，教科横断的で中核的な位置づけがなされ，各地でその重要性が提起されています。一方で，国内外の調査では，日本の児童生徒における多様な情報・資料を活用する能力に課題があることが指摘されてきました[20]。こうした課題を背景として改訂された学習指導要領（2017-2019）では，図書館・博物館などの機関と連携して地域の文化資源を尊重することや，諸資料を活用した探究学習を行うべき旨が明示されています。さらに，GIGA スクール構想による 1 人 1 台端末の配布やコロナ禍で重要性が顕在化したオンライン学習の文脈でも，ICT を用いて多様な資料を学習に接続させる需要が高まっています。このように教育のあり方の転換が迫られる中においては，学習者が立てる多様な「問い」に接続し得る多様な資料が，オンライン環境下で十分にアクセス可能な学習環境や情報基盤の存在が必要不可欠です。そうした現代の教育をめぐる諸課題の解決や時代の変化に応じたイノベーションを実現するために重要な知の基盤となるのが，デジタルアーカイブです。

6−8−2　事例

　デジタルアーカイブの教育活用は米国の DPLA と欧州のヨーロピアーナを中心に推進され，その学習効果も明らかにされています。また，活用教材を募集・表彰する取り組みも国際規模で実施され，教育活用が進展しています。国内におけるデジタルアーカイブも，以下に例示するようにさまざまな教育シーンで活用されています。

[17] U N E S C O. Recommendation concerning the Protection and Promotion of Museums and Collections, their Diversity and their Role in Society. 2015.

[18] United Nations. Education for sustainable development in the framework of the 2030 Agenda for Sustainable Development. 2019.

[19] 我が国におけるデジタルアーカイブ推進の方向性（2017 年 4 月）

[20] 国立教育政策研究所. 特定の課題に関する調査（社会）結果のポイント. 2008.
国立教育政策研究所. OECD 生徒の学習到達度調査 2018 年調査（PISA 2018）のポイント. 2019.

*21 発達段階に応じた地域のデジタルアーカイブ資料を活用した学習の様子（対象：公立小学校1年生から6年生）

福井県文書館学校向けアーカイブズガイド

東京学芸大学附属図書館教育コンテンツアーカイブ

*22 大井将生，宮田諭志，大野健人，大向一輝，渡邉英徳．デジタルアーカイブを活用したキュレーション学習モデル：探究学習における「問い」と「資料」の接続．デジタルアーカイブ学会誌. 2023, Vol. 7, No. 1, p.e1-e9.

デジタルアーカイブにおける望ましい二次利用条件表示の在り方について（2019年版）

- 博物館教育や美術教育での活用
- 地域学習での活用
- 平和学習での証言アーカイブの活用
- 古典教育での翻刻機能の活用
- 防災教育での震災アーカイブの活用
- 遠隔オンライン学習での活用

デジタルアーカイブの活用は，小学校の低学年から可能です。ここで重要となるのが，発達段階に応じた学習デザインです。筆者らは，地方の公立小学校におけるデジタルアーカイブの活用に際して，学習指導案を学年ごとに作成しました。さらに，各学年の担当教員が児童の実態や自身の教育方針に基づいて指導案をアレンジし，授業を行いました。その結果，児童の地域に関する関心が高まり，「問い」や活発な議論，主体的で深い学びが創発されることが明らかになりました*21。このことから，発達段階に応じた指導案を作成することで教員にもデジタルアーカイブの活用が容易となり，小学校低学年からデジタル資料を活用した学びが可能であることが示唆されました。アーカイブ構築側の視点で重要なことは，学校の先生が業務過多により教材準備の時間がない現状を鑑み，活用対象となる単元がわかりやすい状態で資料を提供することです。福井県文書館の学校向けアーカイブズガイドや東京学芸大学附属図書館の教育コンテンツアーカイブは，良き参考事例となるでしょう。

また，デジタルアーカイブを効果的に活用するためには，教え方や学び方についても変革が必要です。とりわけ，新学習指導要領で教科横断的・中核的に位置づけられた探究学習では，学習者の「問い」を起点として多様な資料を主体的に収集する学習の重要性が示されており，その実現のためには従来の一方向的な教授方法からの脱却が必須となります。そこで筆者が提案している手法が，デジタルアーカイブを活用した新しい探究学習モデル，「キュレーション学習」です。「キュレーション学習」とは，学習者が自ら立てた「問い」に接続する多様な資料を収集し，考察を行う学習です*22。具体的には，2章で紹介したジャパンサーチを用いて学習資料の網羅性を高めるとともに，複数の学習者がメタデータを保持しながら協働的な資料のキュレーションや編集が可能な「ワークスペース機能」を用いることで，クラスメイトとの協働的な学びの中で資料と「問い」の接続・構造化を行います。この手法により，学習者が「問い」と複数の資料をつなげて自身の考えを構築する力が向上し，情報リテラシーや多面的・多角的な視座の育成に効果があることが示唆されています。

6-8-3　デジタルアーカイブの教育活用をめぐる課題

デジタルアーカイブの活用をめぐっては，以下に示す解決すべき課題もあります。

慣習的に付与された不明瞭な／利用を制限する二次利用条件

デジタルアーカイブの二次利用条件表示は，資料の権利や利用条件について専門知識をもたない活用者にとって重要な役割を果たします。また，国が示した「望ましい二次利用条件の在り方」では，できる限り広く活用可能な形で資料を共有・発信すべ

きことが喚起されています。しかし日本では，デジタル資料に対して慣習的に不明瞭な，あるいは厳しく利用を制限する利用条件を表示する機関が多く存在します[*23]。それゆえ，資料を授業や学習で活用できない，活用可否が判断できないという問題が生じています。文化資源は誰のものなのか，何のための公開なのかということを踏まえ，オープンな利用条件表示のあり方を検討することが望まれます。この課題解決のためには，資料提供者と活用者による対話によって互いの課題やニーズを把握し，ボトムアップな資料のオープン化を進めることが肝要となります。

[*23] 時実象一. デジタルアーカイブの公開に関わる問題点：権利の表記. デジタルアーカイブ学会誌. 2017, Vol.1, No.Pre, p.76-79.

活用を促進するための技術的な工夫や「教育メタデータ」の欠如

　デジタルアーカイブの活用を促進するためには，資料が子どもたちにも理解でき，扱いやすいものであることや，デジタルの特長を活かして「問い」の誘発や多面的な視座の育成を支援する工夫が必要です。例えば，古典籍の翻刻や，昔と現代の地図を比較可能なオーバーレイ機能なども有効です。画像の運用に関しては，国際的な相互運用性に配慮された IIIF の導入が標準となることが望まれます。さらに，教育現場の目線に基づいた「教育メタデータ」を付与し，アクセシビリティを高めることも重要です。とりわけ「学習指導要領コード」は，教育の情報化やデジタル教科書の進展に際して，さまざまなコンテンツを学校教育に接続する中核的な役割を果たすと考えられます。筆者らが開発した「学習指導要領 LOD」は，学習指導要領コードを機械可読性が高く，多様なコンテンツとリンクしやすい RDF（Resource Description Framework）形式のオープンデータで公開していますので，是非ご活用ください。

学習指導要領コード

学習指導要領 LOD

固有資料の不足

　デジタルアーカイブの教育活用においては，多様な「問い」に応え得る，多様な資料が十分にストックされていることが求められます。しかし現状では，素晴らしい「問い」が生まれても，それに紐づく資料がウェブ上に存在しないため，求める資料にアクセスできない事例も認められます。この課題を解決するためには，図書館・博物館・文書館や大学・企業などの組織が，各地域・機関の固有資料を収集・保存・デジタル化・公開することに尽きます。例えば図書館では，DX 化の進展によって書籍を揃える業務は必ずしも各館に求められものでなくなる可能性があります。一方，地域資料のデジタルアーカイブ化は，各館にしかできません。そのため，「他に転嫁できない最終的な責任」[*24] をもって，業務内容の意識改革と共に各館がアーカイブ化を行うことが望まれます。多様な資料を時間や場所の制約なく「誰でもどこでも自由に」活用できる環境を，さまざまなアクターが推進することが重要なのです。

[*24] 蛭田廣一. 地域資料サービスの実践. JLA 図書館実践シリーズ 41, 2019, 日本図書館協会.

6-8-4　デジタルアーカイブの教育活用を促進する「連携」の重要性

　前項で確認した諸課題を解決し，デジタルアーカイブの教育活用を進展させるためには，学校と資料公開機関をつなぐ議論・対話を継続的に行うことが望まれます。また，多忙な教員の教材開発・授業準備を支援するためのデジタルアーカイブを活用した教材や実践例の共有空間も必要です。そこで筆者が提案しているのが，「S × UKILAM（School・University・Kominkan・Industry・Library・Archives・Museum）連携」です。「S × UKILAM（スキラム）連携」では，小中高の教員と資料公開機関の関係者らが協創的に資料の教材化を行うワークショップを開催しています。また，そこで協創され，「学習指導要領コード」[25]などの「教育メタデータ」が付与された教材を，二次利用可能な「教材アーカイブ」として IIIF を用いて公開しています。2022 年 12 月までに全国規模のワークショップを 5 回開催し，43 都道府県・263 機関から多様な参加者が集って活発な議論が行われ，多様性に富む教材が生み出されています。また，上記を契機として自治体単位での教材化ワークショップも開催されています。その自治体版ワークショップを起点としたデジタルアーカイブの教材化が教員研修で「公務」に位置づけられる事例や，デジタルアーカイブを活用した教材や実践例を募集・表彰する取り組みも展開しています[26]。このように，多様な資料と学校教育をつなぐネットワークが，ボトムアップに拡張されています。

6-8-5　おわりに

　デジタルアーカイブの活用においては，資料と資料，資料と人，そして，人と人をつなぐことが重要です。つなぐことで生じる新たな知を再びアーカイブに乗せて社会に循環し，未来に継承することで資料の価値を高めることができるからです。

　これからは，教員のあり方やリテラシー変化も求められるでしょう。今後の教育で重視される探究的な学びでは，教科書を一方向的に「教える」のではなく，一人ひとりの「問い」に寄り添い，学びを深める資料にたどりつくための「支援」を行うことが求められるからです。さらに，学校と諸機関が連携し，多様な資料を教育現場に接続する教材や学習環境を「協創」することも大切です。教職課程をはじめ，司書・学芸員の養成課程など，高等教育でのデジタルアーキビスト育成も急務となります。

　そして，最も重要なことは，本書の読者一人ひとりが，各自の経験や専門性，本書で得た新たな知見を活かし，未来を担う子どもたちの学びをそれぞれの立場から支援することが，デジタルアーキビストの重要な役割の一つであるということです。

（大井　将生）

S × UKILAM 連携
ウェブサイト

S × UKILAM 連携:
教材アーカイブ

[25] 学習指導要領コードの付与は S × UKILAM 連携が初めての事例であったが，その後 NHK for school や東京学芸大学附属図書館などでもコンテンツへのコード付与がなされており，広がりをみせている。

[26] 例えば，港区ではデジタルアーカイブ教育活用コンテストが開催されている。

全国の児童生徒にコンピュータとネットワークを整備することで，多様化する子どもたちを誰一人取り残すことなく，一人ひとりの能力に適した学びを実現する取り組み。

手書き文字や印刷された文書を画像として読み取り，文字認識によってテキストデータに変換させること。近年は AI 技術を活用することで精度が向上している。

著作権の保護期間が過ぎるなどで，すでに著作権制限が存在しないことが確認できた作品に対して，それを示すためのマーク。

利用者（ユーザー）とコンピュータを繋げる入出力装置のことで，入力装置にはキーボードやマウス，タッチパネル，音声などがあり，出力装置にディスプレイ，プリンタなどがある。

執筆者一覧（執筆順）

井上　透　（岐阜女子大学）　　　　　　　　　　はじめに　1-1　1-2　1-3　1-4　1-5
　　　　　　　　　　　　　　　　　　　　　　　3-4

福島　幸宏（慶應義塾大学）　　　　　　　　　　1-6

吉見　俊哉（東京大学）　　　　　　　　　　　　1-7

大井　将生（東京大学）　　　　　　　　　　　　2-1　2-2　6-8

金城　弥生（竹仙舎舎主，織物文化研究家）　　　コラム1

武田　剛朗（大網白里市）　　　　　　　　　　　コラム2

木幡　智子（岐阜女子大学）　　　　　　　　　　2-3

吉田　佐織（浜松市立図書館）　　　　　　　　　コラム3

三宅　茜巳（元岐阜女子大学）　　　　　　　　　2-4　2-6

熊﨑　康文（岐阜女子大学）　　　　　　　　　　2-5

久世　均　（岐阜女子大学）　　　　　　　　　　コラム4

齋藤　義朗（長崎県）　　　　　　　　　　　　　コラム5

和田　一美（ヤマハ発動機株式会社）　　　　　　コラム6

林　知代　（岐阜女子大学）　　　　　　　　　　3-1　3-2　5-1　5-2　6-3

櫟　彩見　（岐阜女子大学）　　　　　　　　　　3-1　3-2　5-1　5-2　6-3
　　　　　　　　　　　　　　　　　　　　　　　さくいんの用語解説

谷　里佐　（岐阜女子大学）　　　　　　　　　　3-3

坂井　知志（特定非営利活動法人日本デジタルアーキビスト資格認定機構）
　　　　　　　　　　　　　　　　　　　　　　　4-1　4-1-2　4-1-3　4-1-4　4-2-3
　　　　　　　　　　　　　　　　　　　　　　　4-5　4-6

吉川　晃　（特定非営利活動法人日本デジタルアーキビスト資格認定機構）
　　　　　　　　　　　　　　　　　　　　　　　4-1-1　4-1-5　4-2-1　4-2-2
　　　　　　　　　　　　　　　　　　　　　　　4-2-4　4-2-5　4-2-6　4-3　4-4　4-5

横山　明子（株式会社図書館流通センター）　　　5-3

江添　誠　（上智大学非常勤講師）　　　　　　　5-4　6-4

入江　真希（TRC-ADEAC株式会社）　　　　　　6-1

森　俊輔　（TRC-ADEAC株式会社）　　　　　　6-2

田山　健二（TRC-ADEAC株式会社）　　　　　　6-5

中村　覚　（東京大学）　　　　　　　　　　　　6-6

渡邉　英徳（東京大学）　　　　　　　　　　　　6-7

デジタルアーカイブの理論と実践
デジタルアーキビスト入門

2023 年 4 月 1 日　初版第 1 刷発行
2023 年 10 月 6 日　初版第 2 刷

検印廃止

編　　者	特定非営利活動法人 日本デジタルアーキビスト 資格認定機構
責任編集	井上　透
	大井　将生
	細川　季穂
発 行 者	大塚　栄一

発 行 所　株式
会社　**樹村房**

〒 112-0002
東京都文京区小石川 5 丁目 11-7
電話　　03-3868-7321
FAX　　03-6801-5202
振替　　00190-3-93169
https://www.jusonbo.co.jp/

表紙デザイン／原　美穂
組版・印刷・製本／株式会社丸井工文社

デジタルアーキビスト資格とは？

　デジタルアーキビストは，特定非営利活動法人日本デジタルアーキビスト資格認定機構が認定する資格です。

　日本デジタルアーキビスト資格認定機構は，博物館，図書館，文書館が収集保存した文化的・歴史的価値がある資料だけでなく，企業活動で生じ継続的に利用する各種の資料を含めてデジタル情報として保全し，広く活用していこうとする各分野のアーカイブ活動の普及を支援するため 2006 年に設立されました。

　全国にある養成機関を通じて約 7,250 名（2022 年 12 月現在）が資格を取得し，博物館，図書館，文書館だけでなく，学校教育機関や企業で活躍しています。

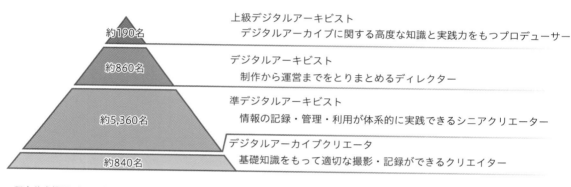

約190名　上級デジタルアーキビスト　デジタルアーカイブに関する高度な知識と実践力をもつプロデューサー

約860名　デジタルアーキビスト　制作から運営までをとりまとめるディレクター

約5,360名　準デジタルアーキビスト　情報の記録・管理・利用が体系的に実践できるシニアクリエーター

約840名　デジタルアーカイブクリエータ　基礎知識をもって適切な撮影・記録ができるクリエイター

認定養成機関（2022 年 12 月現在）
◆札幌学院大学　　　　◆NPO 法人ひと・まちねっとわーく　　◆NPO 法人日本アーカイブ協会
◆東北文教大学　　　　◆TRC-ADEAC 株式会社　　　　　　◆一般社団法人地域教育文化アーカイブ振興協会
◆常磐大学　　　　　　◆岐阜女子大学　　　　　　　　　　◆別府大学
　　　　　　　　　　　　　　　　　　　　　　　　　　　　◆沖縄女子短期大学

役員（五十音順　敬称略）
会　　　長：佐々木　正峰（国立科学博物館顧問，元文化庁長官，元国立科学博物館館長）
常務理事：井上　透（デジタルアーカイブ学会理事，人材養成・活用検討委員会委員長）
理　　　事：青柳　正規（元文化庁長官，学校法人多摩美術大学理事長）
理　　　事：齊藤　昌典（凸版印刷株式会社　取締役専務執行役員　情報コミュニケーション事業本部長 及び 万博・IR 推進室，
　　　　　　　　　　　DX デザイン事業部　担当）
理　　　事：坂井　知志（デジタルアーカイブ学会理事・前コミュニティアーカイブ部会長）
理　　　事：塩　雅之（デジタルアーカイブ学会評議員，日本教育情報学会評議員）
理　　　事：松川　禮子（岐阜女子大学学長）
理　　　事：吉川　晃（岐阜女子大学特任教授，大学プロスタッフ・ネットワーク理事長，元筑波大学副学長）
理　　　事：吉見　俊哉（デジタルアーカイブ学会会長，元東京大学副学長）
監　　　事：田山　健二（デジタルアーカイブ学会評議員，TRC-ADEAC 株式会社取締役会長）

2022 年 12 月 1 日作成

問合せ先

特定非営利活動法人
日本デジタルアーキビスト資格認定機構
〒 500-8813　岐阜県岐阜市明徳町 10 番地　杉山ビル 4F
　　　　　　岐阜女子大学文化情報研究センター内
TEL：058-267-5301　　　　　FAX：058-267-5238
E-mail：info@npo-jcbda.jp　　WEB：https://jdaa.jp/

DA 情報メール

毎月デジタルアーカイブに関する情報をメールで配信中